育ちと学びを豊かにつなぐ

小学1年
スタートカリキュラム&活動アイデア

嶋野道弘・田村 学　監修

松村英治・寶〔

小学校生活のスタ—

4週間の週案と37の活

- はてなをかいけつ みんなでかいけつ
- がっこうをたんけんしよう
- きょうはなにしてあそぼうかな
- きょうのテーマはなあに？　etc.

明治図書

◆ 刊行に寄せて 『明日も学校だ！』

元文教大学教育学部教授　嶋野　道弘

子どもの育ち（成長）と学びの物語

　入学当初の「なかよしタイム」でのこと。「私ね，回せる（フラフープ）ようになったの。幼稚園でもやったけどできなかったの。ゆみちゃんがやるのを見ててね，やってみたらできたの。今度はね，足でもできるようになりたいの」この子どものできた「今（現在）」はできなかった「過去」から引き継がれています。そして，できた今はもっとできるようになりたい「明日（未来）」に引き継がれていきます。また，この子どもは自分を感じ，自分の立場において，感じ，考え，判断し，行動しています。これは，主体的な子どもの育ちと学びの物語です。

　（子どもに限らず）私たちは何かの出来事に出会ったときやそれを誰かに語るときには，認識や行為の主体者である自分を感じながら，いくつかの場面を組み合わせ，何かのつながりをもったものとして筋書きを描きます。それは主体的な人間の育ちと学びの自然の理です。今改めて求められている「スタートカリキュラム」の編成・実施に当たっては―幼児期の教育と小学校低学年の教育を形式的につなぐことに留まらず―こうした人間観や子ども観に立って取り組む必要があると思います。

【安心・発揮・自立】の理念と生成のプロセス

　「スタートカリキュラム」は小学校入学当初の子どもを対象にした，目標，時間，活動・内容で編成された教育計画のことで，それは一つの「形」です。実施に当たっては，「スタートカリキュラム」の理念（本書では「魂」）―どうあるべきかについての根本的な考え方―を形に具現し，これを共有して「実践」しなければなりません。理念の無い形は形骸です。形にされない理念は霧散します。どちらにしても実践の効果は期待できません。

　小学校に入学してくる子どもたちは，期待―ワクワク，ドキドキ―をもちながらも不安と緊張に包まれています。先ずは，不安を解消し，安心できる世界に導く必要があります。新しい環境に入っても，「（園で）やったよ」と

いうように，【やっていたことができる】という空気を感じて子どもは安心するでしょう。また，【楽しい！　面白い！】と夢中で活動することで緊張感を忘れるでしょう。これらは，小学校に入学する子どもの不安と緊張を解消し，安心して生活できるようにする妙薬です。

　学校は安心して生活できる場であることを感じ取った子どもは，「それならできるよ」「見てて。してみせるよ」と喜んで自己発揮をするようになるでしょう。子どもが生き生きと活動するようになる瞬間です。さらに子どもは，「自分で考えたよ」「自分でやってみる」と，他人に頼らず，自分自身で，自分からやってみることを喜ぶようになるでしょう。入学した子どもの自立的生活の始まりです。それは自覚的な学びの始まりでもあるわけです。

　入学当初の子どもたちにふさわしい学校生活を創り出すためには，【安心】【発揮】【自立】の埋念をスタートカリキュラムという形に具現し，これを実践していかなければなりません。

生きて働く教師の力

　スタートカリキュラムは実践して意味をもちます。生きた実践の場で生きて働く教師の力（知・情・意）というものは，実践の場での時間をかけた子どもとの関わり合いを通して生まれて確かなものになっていきます。生きた実践の場で直面する現実は，それぞれに固有で多様ですが，生き生きとした具体的な事実との関わり合いを通して立ち上がってきた力こそが真に子どもを育てる力になっていきます。

　本書の2人の著者は立場も経験も違いますが，共通して，低学年の実践経験とそれを通した研究を重ねています。そうした著者が紹介する活動は，具体的で時々の子どもの姿や教室の空気までも伝わってきます。紹介される活動と全く同じ世界はどこにもありません。しかし紹介されるどれかはどこの世界にもあります。「どこにもないけれども，どこにもある世界」こそが，現実感と真実性に富む生きた実践の場なのです。本書を活用されて『明日も学校だ！』と眠りにつく子どもの世界を実現させましょう。

2019年12月

◆ はじめに 「スタートカリキュラム」が具現する笑顔溢れる子どもの姿

國學院大學人間開発学部初等教育学科教授　田村　学

　新しい学習指導要領の全面実施が目前に迫りました。「社会に開かれた教育課程」の理念の下，実際の社会で活用できる資質・能力の育成に向けて，いよいよ本番がスタートします。

　この改訂を最も象徴的に表す言葉が「学習する子供の視点に立つ」です。資質・能力の育成のためには，学習者としての子どもが本気で真剣になることが欠かせません。受け身の，教え込まれるだけの授業を，何時間繰り返しても，期待する資質・能力が育成されるとは考えにくいからです。

　この「学習する子供の視点に立つ」教育活動を，着実に積み重ね，積み上げてきたのが幼児教育や低学年教育であると言えます。その点から考えるならば，この度の改訂は，幼児教育や低学年教育において大切にしてきた学習者中心の発想を，各学校種，教育課程全体に広げていく営みであるとも言えます。

　この幼児教育と小学校教育を滑らかにつなぎ，学習者を中心に教育課程を編成しようと考えたのが「スタートカリキュラム」です。今期改訂の本質が，この「スタートカリキュラム」に凝縮されていると考えることができます。学習指導要領総則第2の4の(1)には，「4　学校段階等間の接続」として，以下のように示されています。

　(1)　幼児期の終わりまでに育ってほしい姿を踏まえた指導を工夫することにより，幼稚園教育要領等に基づく幼児期の教育を通して育まれた資質・能力を踏まえて教育活動を実施し，児童が主体的に自己を発揮しながら学びに向かうことが可能となるようにすること。

　また，低学年における教育全体において，例えば生活科において育成する自立し生活を豊かにしていくための資質・能力が，他教科等の学習においても生かされるようにするなど，教科等間の関連を積極的に図り，幼児期の教育及び中学年以降の教育との円滑な接続が図られるよう工夫すること。特に，

小学校入学当初においては，幼児期において自発的な活動としての遊びを通して育まれてきたことが，各教科等における学習に円滑に接続されるよう，生活科を中心に，合科的・関連的な指導や弾力的な時間割の設定など，指導の工夫や指導計画の作成を行うこと。 　　　　　　　　　　　　　　　　　　　（下線は筆者）

　このことにより，日本全国の全ての小学校は，生活科を中心に「スタートカリキュラム」を編成し，実施しなければならないこととなっています。

　この「スタートカリキュラム」は，平成20年の学習指導要領で初めて生活科の解説に登場した言葉です。当時は，小１プロブレムに対応するものとして学校生活への適応が期待されていました。その後，幼児期の教育を参考にして，安心して学校生活を始めるための「スタートカリキュラム」を編成，実施するようになり，この度の改訂では，それをさらに進化させて，子ども一人ひとりが生き生きと学びに向かう「スタートカリキュラム」の編成と実施が求められています。そのためにも，10の姿に整理された「幼児期の終わりまでに育ってほしい姿」が存分に発揮されるようにするとともに，合科的・関連的な指導や弾力的な時間割の設定など指導の工夫や指導計画の作成を行うことが大切になります。これが「スタートカリキュラム」の「第３ステージ」にあたります。

　学校生活への適応や安心・安全のための「スタートカリキュラム」から，学びに向かう「スタートカリキュラム」の編成と実施が，求められています。この「スタートカリキュラム」こそが，今期改訂のキーワードでもあるカリキュラム・マネジメントの一つのモデルでもあります。各学校においては，いち早く着手し，取り組みを進めなければなりません。

　本書は，「スタートカリキュラム」を授業レベルにまで落とし込んだ教育課程の指南書です。様々な活動アイデアが満載です。多くの読者が，この一冊を手に取り，日々の教育活動に取り組み，そして，笑顔溢れる子どもの姿を実現することを願っています。

2019年12月

Contents

第1章

これから求められる
スタートカリキュラムとは

週ごとによく分かる！ 活動アイデア

第1週

第2週

第**4**週

これから求められる
スタート
カリキュラム
とは

1 第3ステージのスタートカリキュラムを全ての先生方が実現するために

●いよいよ2020年度，新しい学習指導要領の全面実施！

　平成29年３月，新しい学習指導要領が告示されました。その礎となった「幼稚園，小学校，中学校，高等学校及び特別支援学校の学習指導要領等の改善及び必要な方策等について（答申）（中教審第197号）」の21ページには，「それ（筆者注：教育課程が，学校と社会や世界との接点となり，さらには，子供たちの成長を通じて現在と未来をつなぐ役割を果たしていくこと）を実現するためには，まず学習する子供の視点に立ち，教育課程全体や各教科等の学びを通じて『何ができるようになるのか』という観点から，育成を目指す資質・能力を整理する必要がある。」とあります。「社会に開かれた教育課程」，「育成を目指す資質・能力の明確化」，「『主体的・対話的で深い学び』の実現に向けた授業改善の推進」，「各学校におけるカリキュラム・マネジメントの推進」など，印象的なキーワードとともにこれまでの学校教育の質的転換を目指している今次改訂ですが，その根幹にあるのは，**「学習する子供の視点に立つ」**ということだと思います。２年間の移行期間を経て，小学校ではいよいよ全面実施の年度を迎えました。本書をお読みの先生方の勤務校では，全面実施に向けた準備は万全でしょうか。

　学校現場においては，「働き方改革」が席巻する今，新しい学習指導要領の全面実施に向けて，何から手を付けたらよいものか……という声も聞かれます。しかし，今回のような大きな改訂（構造の変革）に立ち会えたことにわくわくしないともったいないと思いませんか？　新しいことのスタートにわくわく感をもち，子どもたちとともに新しい学校教育を創っていくのだという期待と気概をもって取り組みたいものです。

●スタートカリキュラムの「義務化」

　新しい学習指導要領の全面実施に向けて，欠かせないことの一つが，スタートカリキュラムです。今次改訂においては，「小学校学習指導要領　第1章　総則」の中に，「第2の4　学校段階等間の接続」が新設されました。

小学校学習指導要領　第1章　総則　第2の4　学校段階等間の接続
　教育課程の編成に当たっては，次の事項に配慮しながら，学校段階等間の接続を図るものとする。
(1)　幼児期の終わりまでに育ってほしい姿を踏まえた指導を工夫することにより，幼稚園教育要領等に基づく幼児期の教育を通して育まれた資質・能力を踏まえて教育活動を実施し，児童が主体的に自己を発揮しながら学びに向かうことが可能となるようにすること。
　　また，低学年における教育全休において，例えば生活科において育成する自立し生活を豊かにしていくための資質・能力が，他教科等の学習においても生かされるようにするなど，教科等間の関連を積極的に図り，幼児期の教育及び中学年以降の教育との円滑な接続が図られるよう工夫すること。<u>特に，小学校入学当初においては，幼児期において自発的な活動としての遊びを通して育まれてきたことが，各教科等における学習に円滑に接続されるよう，生活科を中心に，合科的・関連的な指導や弾力的な時間割の設定など，指導の工夫や指導計画の作成を行うこと。</u>
　　　　　　　　　　　　　　　　　　　　　　　　　　　　　　　（下線は筆者）

　この記述からは，低学年教育全体の充実が求められているとともに，とりわけ下線部で示されているスタートカリキュラムの編成・実施が欠かせないことが分かります。前回改訂（平成20年告示）では，「小学校学習指導要領　第2章　各教科　第5節　生活」第3の1で(3)「国語科，音楽科，図画工作科など他教科等との関連を積極的に図り，指導の効果を高めるようにすること。特に，第1学年入学当初においては，生活科を中心とした合科的な指導を行うなどの工夫をすること。」と示されているに過ぎませんでした。しかし，今次改訂では，総則の中に明確に位置付けられたことから，スタートカリキュラムの「義務化」とも言われています。つまり，全国の全ての小学校において，スタートカリキュラムは編成・実施しなければならないものとなったのです。しかも，今求められているのは，第3ステージのスタートカリ

キュラム。「これまでも取り組んできたから，大丈夫！」ではないのです。
（第3ステージのスタートカリキュラムについては，次節で詳述します。）

●本書は，全ての先生方に向けた活動アイデア集！

　そうは言っても，これまでの教育課程の編成・実施において，スタートカリキュラムに熱心に取り組んできた学校もあれば，そうではない学校もあるはずです。また，スタートカリキュラムに主として取り組む1年担任の先生方の中にも，まだまだ経験の浅い若手の先生，これまでに1年担任を経験したことがない先生，実はスタートカリキュラムという言葉自体を初めて聞く先生など，様々な方がいらっしゃるはずです。

　本書は，そういった先生方のために，スタートカリキュラムで実現を目指したい活動をまとめました。1～2単位時間の活動を1～2つの見開きで紹介しています。

　今回，いわゆる「ハウツー本」という形式に踏み切ったのは，新しい学習指導要領の全面実施，そして，スタートカリキュラムの「義務化」に向けて，多くの先生方が「これならできそう！」，「子どもたちと早くやってみたい！」と，前向きな気持ちでスタートカリキュラムに取り組んでいただきたいと考えたからです。

　そのために，紹介する活動のハウツーの中に，スタートカリキュラムで大切にしたい理念（魂）をしっかりと埋め込みました。この活動を子どもたちと楽しく行えば，スタートカリキュラムの理念が実現できる。そういった1冊を目指しています。

●立場も経験も異なる2人の著者が，活動アイデアを対話的に提案

　著者である私たちは，立場も経験も全く異なります。寳來は，横浜市の小学校で，主に生活科についての実践研究を深めたのちに，教育行政へと立場を移し，そこで幼児教育と小学校教育をつなぐ仕事に取り組んできました。その後，現在の勤務校へ校長として赴任し，今に至ります。松村は，東京都

の小学校で勤務する経験年数８年目（令和２年３月現在）の教員です。１年担任を４度も経験させていただき，生活科やスタートカリキュラムの実践研究を積み重ねてきました。

　このように立場も経験も異なる２人が，スタートカリキュラムをきっかけにして出会ったのは，平成27年の１月。意気投合し，教育についてたびたび熱く語り合うようになったことに加え，文部科学省　国立教育政策研究所教育課程研究センター編著『発達や学びをつなぐスタートカリキュラム：スタートカリキュラム導入・実践の手引き』の作成にも関わらせていただき，その考えを深める機会となりました。

　私たち自身が実践してきたこと，様々な機会を通して得た知見や情報を分かりやすくまとめて発信することが，新しい学習指導要領の全面実施，そして，スタートカリキュラムが「義務化」となる2020年度に向けて，多くの先生方にとって役立つものになることを願い，本書を作成しました。

　本章では，スタートカリキュラムの約10年の変遷や幼児教育における遊びの中の学びの姿，スタートカリキュラムの編成の仕方について，その概略を説明していきます。小学校学習指導要領，その解説（総則編・生活編），『発達や学びをつなぐスタートカリキュラム：スタートカリキュラム導入・実践の手引き』などを適宜参考にされると，理解が深まるはずです。

　第２章では，実際の週案に基づいて，なるべく多くの活動アイデアを紹介しました。その際，寳來が執筆する活動については，「指導のポイント」を松村が執筆する，またその逆も然り，という形式をとりました。これは，１つの活動を複層的に捉えて対話的に示すことで，形式だけが一人歩きしてしまうことを避け，スタートカリキュラムの魂とともに広まってほしいと考えたからです。「よくないと思っていたんだけれど，ついついやっちゃうのよね……。」といった「あるある」なことも紹介し，スタートカリキュラムについて楽しく学べるようにも工夫しています。さあ，本書を読んで，スタートカリキュラムへの第１歩を踏み出してみましょう！

2 第3ステージのスタートカリキュラムとは？
これから求められるスタートカリキュラムのイメージ

●あなたの学校のスタカリは，どのステージ？

　いろいろな研修会などで，「スタートカリキュラムをやっていますか？」と尋ねると，「やっています！」という答えが予想以上に多く返ってきます。しかし，「やっています！」の内容は，実は様々です。絵本の読み聞かせを毎日しているから「やっています！」，ロッカーや道具箱などの使い方をイラストを使って分かりやすく指導しているから「やっています！」，歌や手遊びなどの幼児期の活動を取り入れているから「やっています！」…何をしたらスタートカリキュラムをやっていると言えるのかが曖昧になっています。

　國學院大學教授（元文部科学省視学官）の田村学先生は，『「深い学び」を実現するカリキュラム・マネジメント』（文溪堂）の中で，スタートカリキュラムを３つのステージに分けて説明しています。この分け方を参考に，スタートカリキュラムの変遷をまとめてみました。勤務校のスタートカリキュラムはどのステージに当たるのかを考えてみてください。

●第１ステージ（平成20年改訂～）

　第１ステージは，平成20年に改訂された学習指導要領をきっかけにして，様々な試行錯誤が展開された時期の取組を指しています。この学習指導要領解説生活編の中で，スタートカリキュラムという言葉が初登場しました。

　この頃，世間で話題となっていたのが「小１プロブレム」です。学校に適応できない子どもが増え，クラスが落ち着かないということが問題になっていました。その対応・対策としてのスタートカリキュラムということもあり，「学校生活への適応」が目的になっていました。

　適応という言葉からは，学校という枠組みは確固たるものとして既にあり，そこに子どもたちが慣れていくといった印象を受けます。学校のやり方やク

ラスのルールはもう決まっている，そこに子どもたちを早く慣れさせるために，どのような工夫をしていくか。そういう発想でもあったように思います。

　少し否定的な書き方をしてきましたが，第1ステージについて押さえておきたいことは，①これらの取組の試行錯誤があったからこそ，スタートカリキュラムがスタートしたのだということ，②実際には，未だに第1ステージの発想で入学当初の指導にあたっている学校が多いこと，の2つです。学習指導要領上に具体的なことがまだ示されていなかった時代，何も無いところからのチャレンジで，全国で様々な取組がなされました。その成果は大きい一方で，未だにそこで止まっている学校が多いことも事実なのです。

●第2ステージ（平成27年頃～）

　第2ステージは，国立教育政策研究所から「スタートカリキュラム　スタートセット（スタートブック・ミニブック）」が出たことが起爆剤となりました。実は第1ステージの頃から，「学校生活への適応」を超えて，より子どもたちの目線に立った様々な取組が行われていました。例えば，横浜市では，平成22年2月発行『横浜版学習指導要領指導資料（生活科編）』や平成24年3月発行『横浜版接続期カリキュラム～育ちと学びをつなぐ～』などにおいて「なかよしタイム」，「わくわくタイム」，「ぐんぐんタイム」という遊びや学習の大きなまとまりを示し，毎日同じような流れで生活することが安心につながるという考え方を提案していました。こういった取組が土台となって，第2ステージが始まったのです。

　ここでは，スタートカリキュラムが「小学校へ入学した子供が，幼稚園・保育所・認定こども園などの遊びや生活を通して学びと育ちを基礎として，主体的に自己を発揮し，新しい学校生活を創り出していくためのカリキュラム」と定義されました。「学校生活への適応」からのパラダイム転換，第1ステージとは発想からして異なっています。

　第2ステージの合言葉は，「ゼロからのスタートじゃない！」。子どもたちは，幼児期の遊びや生活を通してたっぷりと学んできています。その学びと

育ちを安心して発揮できるように，１日の流れを工夫しました。

　例えば，朝は自由遊びのゆったりとした時間から始まり，朝の会から１時間目にかけては手遊びや歌，絵本の読み聞かせ，簡単な室内遊びなどの幼児期に親しんできた遊びや活動の時間，それが終わると，生活科の学校探検や教科等の学習というように，朝の不安な気持ちを少しでも和らげたり，友達と関わることの多い活動で新しい人間関係を築いたりして，安心して自己発揮できるようにする工夫が行われました。第２ステージでは，横浜市の取組を基に「○○タイム」という名称を用いながら，緩やかな時間の区切りの中で学校生活を安心して生き生きと過ごすことができることを目指したのです。

●第３ステージ（平成29年改訂〜）

　第３ステージは，平成29年改訂の学習指導要領において，「第１章　総則」に位置付けられたことによって始まりました。「幼児期の終わりまでに育ってほしい姿を踏まえた指導を工夫することにより，幼稚園教育要領等に基づく幼児期の教育を通して育まれた資質・能力を踏まえて教育活動を実施し，児童が主体的に自己を発揮しながら学びに向かうことが可能となるようにすること。」という記述からは，第２ステージの安心や自己発揮からさらに進み，「幼児期の終わりまでに育ってほしい姿を踏まえた指導」や「幼稚園教育要領等に基づく幼児期の教育を通して育まれた資質・能力を踏まえて教育活動を実施」することで，「児童が主体的に自己を発揮しながら学びに向かうことが可能となるようにすること」が求められていることが分かります。「学び」ということにぐっとフォーカスされ，第２ステージからのレベルアップが必要であることが伝わってきます。学習指導要領解説生活編においても，スタートカリキュラムに関する説明が４ページにわたって掲載され，より踏み込んだ具体的な記述となっています。

　第３ステージのスタートカリキュラムは，「生活科を中心に，合科的・関連的な指導や弾力的な時間割の設定など，指導の工夫や指導計画の作成を行うこと」をすることだと言えます。合科的・関連的な指導は単元配列表，弾

力的な時間割の設定は週案によって形にして，学校全体で共有し，全教職員の共通理解の下で実施していくことが大切です。（これらを進めるための手順については，のちほど説明します。）

●第3ステージを一気に目指していく！

　ここまでお読みになった先生の中には，「スタカリをやっているつもりだったけれど，本校はまだ第1ステージだった……。」という方，もっと言えば，「第1ステージにすら立っていなかった……。」という方も少なくないと思います。重要なことは，第1ステージをクリアしてから第2ステージ，第2ステージをクリアしてから第3ステージ，と進むのではなく，今どのステージにあったとしても，一気に第3ステージを目指すことが必要だということです。第3ステージのスタートカリキュラムを実現することができれば，必然的に第1・2ステージの要素が入ってきます。したがって，順々にステージを上がっていく必要はなく，今求められている最新版のものを目指していただきたいと思います。

　その際，大前提として確認しておきたいのは，幼児期の教育を理解することの重要性です。第2ステージの合言葉「ゼロからのスタートじゃない！」，第3ステージで重要視されている「幼児期の終わりまでに育ってほしい姿」といったことからは，幼児期に育まれる資質・能力がとても大切であるということが伝わってきます。

　実際，平成20年代の後半には，幼児教育の重要性が改めて言われるようになりました。『幼児教育の経済学』（ジェームズ・J・ヘックマン，東洋経済新報社）や「幼児期から小学生の家庭教育調査・縦断調査」（ベネッセ教育総合研究所）などによれば，幼児期に育まれる非認知的能力が就学後の学力の伸びに影響するだけではなく，将来の成功をも予測するというわけです。次節では，幼児期の遊びや生活の中における総合的な学びの具体的な姿を確認してみましょう。

**ゼロからのスタートじゃない！
たっぷりと学んできている子どもたち**

●幼児期の終わりまでに育ってほしい姿

　平成29年告示の幼稚園教育要領では，幼児期の終わりまでに育ってほしい姿（いわゆる「10の姿」）が示され，教師が指導を行う際に考慮するものとされました。（保育所保育指針，幼保連携型認定こども園教育・保育要領でも同じように記載されています。）

---

(1)　健康な心と体

(2)　自立心

(3)　協同性

(4)　道徳性・規範意識の芽生え

(5)　社会生活との関わり

(6)　思考力の芽生え

(7)　自然との関わり・生命尊重

(8)　数量や図形，標識や文字などへの関心・感覚

(9)　言葉による伝え合い

(10)　豊かな感性と表現

　小学校では，この10の姿を踏まえた指導を工夫することが求められていますが，当然のことながら，全ての子どもたちがこの10の姿が発揮できるようになってから入学してくるわけではありません。そういった留意事項として，幼稚園教育要領解説52ページには，「到達すべき目標ではない」，「個別に取り出されて指導されるものではない」，「全ての幼児に同じように見られるものではない」，「5歳児に突然見られるようになるものではない」ということが挙げられています。さらに，この10の姿は，「幼稚園の教師が適切に関わ

ることで，特に幼稚園生活の中で見られるようになる幼児の姿であることに留意が必要である」とされていることから，十分に適切な環境の中でこそ発揮される姿だとも言えます。したがって，入学当初の不安な時期に，10の姿が見られなくても当たり前のことです。育ってきているであろう10の姿を発揮するための活動や環境の在り方を考えていけばよいのです。

　ここで示した10の姿は，一つ一つがキーワードとしてまとめられていますが，実際には，1〜2文で詳しい説明がされています。例えば，「⑵　自立心」は，「身近な環境に主体的に関わり様々な活動を楽しむ中で，しなければならないことを自覚し，自分の力で行うために考えたり，工夫したりしながら，諦めずにやり遂げることで達成感を味わい，自信をもって行動するようになる。」とされています。これを読むと，「幼児でここまで⁉」と思ってしまった方もいるはずです。

　もっと言えば，大人の自分でもできているか，不安になってはこないでしょうか。「しなければならないことを自覚し」……自覚はできているかもしれない……「自分の力で行うために考えたり，工夫したりしながら，諦めずにやり遂げることで達成感を味わい」……やり遂げるところまでできているかと言われると……となってしまいますよね。しかし，集中できる環境の中で，仲間と励まし合いながらであれば，やり遂げることができるときもあるわけです。これが，「幼稚園の教師が適切に関わることで，特に幼稚園生活の中で見られるようになる幼児の姿であることに留意が必要である」の意味するところです。

　小学校の教師の立場からすると，園などでの遊びや生活の中での子どもたちを見取るときに，10の姿は非常に役立つ手がかりです。夏休みなどに，近隣の園の見学に行く小学校も増えていると聞きますが，そのときに，「かわいいなあ。」，「楽しそう！」という程度の感想しかもてなかったことはないでしょうか。もしかすると，「ただ遊んでいるだけだよね。」と思ってしまわなかったでしょうか。そこから一歩進み，その活動の中で何をどのように学んでいるのかを見取る視点こそが，10の姿なのです。

●10の姿を通して子どもの姿を見る

　上の写真を見てください。横浜市の認定こども園である「ゆうゆうのもり幼保園」からご提供いただいた，園での実際の遊びの様子を写した写真です。大きな積み木や段ボールで家をつくったり，ビニール袋でつくった素敵な服を着たりしながら，友達とのやりとりを楽しんでいます。

　この写真と10の姿を見比べて，当てはまるものを選んでみてください。そうすると，1つではなく複数のものを選ぶことができたはずです。つまり，10の姿というのは，この姿がこの活動で見られる，という1対1対応するものではなく，1つの活動の中で様々な姿が現れたり，現れていると考える姿が見る人の見方によっても異なってきたりするものです。

　例えば，「(3)　協同性」の視点から見ると，おうちごっこをするという共通の目的の実現に向けて，様々な道具や材料を活用しながら工夫したり協力したりしていると捉えることができます。「(10)　豊かな感性と表現」では，いろいろな役割になりきって表現することで，その楽しさを味わい，「明日はこの続きをやろうね！」と意欲をもつであろうことも想像できます。さらに，「(9)　言葉による伝え合い」では，自分の考えたことを言葉で伝えたり，相手が話していることをよく聞いたりしながら，伝え合いを楽しんでいる様

子が見て取れます。

　このように，10の姿を手がかりにして遊びや生活の様子を見ると，本当にたくさんのことを学んでいることが分かってきます。「ゼロからのスタートじゃない！」というのは，こういうことを意味しているのです。

●総合的な学びから，自覚的な学びへ

　このような遊びや生活の中での総合的な学びを通して，子どもたちは確かな資質・能力を育んでいます。しかし，それは自覚的ではありません。「(9)言葉による伝え合い」で言えば，伝え合いを楽しむことを目的におうちごっこをしているのではないのです。「私たちは，自立心を育てるためにおうちごっこをやっています！」なんて幼児がいたら，ちょっと驚きですよね。つまり，やりたいことに夢中になって取り組む中で，自然と様々な力が育っていく，それが幼児教育における総合的な学びというものです。

　一方で，小学校以上の自覚的な学びは，それとは違います。学習指導要領解説生活編62ページによれば，「より自覚的な学びに向かうとは，学ぶということについての意識があり，集中する時間とそうでない時間の区別が付き，自分の課題の解決に向けて，計画的に学んでいくことである。」とされています。「そろそろチャイムが鳴るよ！」，「２時間目は算数だから，算数の教科書を準備して……。」，「昨日は９＋いくつの勉強をして，今日は８＋いくつの計算に挑戦することになっていたよね。ブロックを使ってやってみよう！」，「５時間目は生活だよ。私のアサガオさん，つるが長くなってもじゃもじゃになってきているから，棒を立ててあげたいんだ！」など，先生方の教室で日頃見られる子どもたちの姿こそ，自覚的な学びの姿です。

　そう考えてみると，総合的な学びと自覚的な学びには，ギャップがあることが分かります。それをつなぐのがスタートカリキュラムであり，その第3ステージでは，合科的・関連的な指導と弾力的な時間割の設定がその肝になってきます。次節では，その２つの肝を中心に，スタートカリキュラムの編成の手順を説明していきます。

スタートカリキュラムはこうやってつくる！
スタートカリキュラムの魂を形にする

●意図的・計画的・組織的に行うために，スタカリの形をつくる

　私たちは，スタートカリキュラムには形と魂の２つが重要であると考えています。形というのは，スタートカリキュラムが紙として表された「紙キュラム」，魂というのは，スタートカリキュラムの理念が実際に教室で具現化された「やりキュラム」です。どっちの方が大事かと言われると，形はあっても魂が置き去りよりは，形はできていなくても魂はある，の方がましかもしれません。しかし，スタートカリキュラムの「義務化」の時代にあっては，どの教師であっても・どの年度であっても・どの小学校であっても，一定水準のスタートカリキュラムが実現されなければいけません。意図的・計画的・組織的に行うためには，スタートカリキュラムの形が必要不可欠です。

　これをつくる手順は，国立教育政策研究所『発達や学びをつなぐスタートカリキュラム：スタートカリキュラム導入・実践の手引き』の９ページから詳しく説明されています。その中でも特に欠かせないものとして，ここでは，(3)①単元の構成と配列，②週の計画と時間配分，の２つだけを取り上げます（前掲書14〜22ページ）。①が合科的・関連的な指導，②が弾力的な時間割の設定，に該当します。これらを形にしたものが，単元配列表と週案です。

●合科的・関連的な指導は，単元配列表で形にする

　合科的・関連的な指導には，

①合　科：生活科を中心とした単元の学習活動において，複数の教科の
　　　　　目標や内容を組み合わせて学習活動を展開する。
②関連Ａ：生活科の学習成果を他教科等の学習に生かす。
③関連Ｂ：他教科等の学習成果を生活科の学習に生かす。

という3つのタイプがあります。スタートカリキュラムの実施期間を仮に1か月としたときに，全教科等の単元を俯瞰し，①②③が実現できそうな箇所を見付け，線でつないでいきます。場合によっては，単元の入れ替えを行うこともあります。それを一覧にしたものが，単元配列表です。

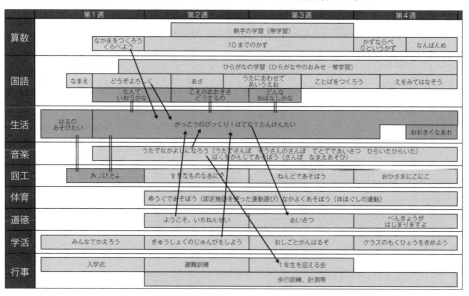

　これは，著者（松村）の勤務校で作成したものです。①は二重線，②と③は矢印になっていて，始点で学習したことを終点で生かす，ということを示しています。これがあることによって，教師は見通しをもって授業を行ったり，子どもたちの姿に応じて柔軟に計画を変更したりすることができます。
　例えば，国語の「なんていおうかな」は，生活科の「がっこうのびっくり！はてな？たんけんたい」と合科的に指導することになっています。これは，国語の「なんていおうかな」という単元は子どもの学習において存在せず，生活科の学校探検の活動の中で，相手や場面に応じた適切な言葉遣いなどを確実に指導するということを意味しています。一方で，国語の「どうぞよろしく」での学習成果は，生活科の「がっこうのびっくり！はてな？たんけんたい」の中で関連的に指導することになっています。国語の「どうぞよ

ろしく」を学習した上で，学校探検の中でも「いろいろな先生たちと名刺交換したいな。」という思いや願いが出てきて，国語で学んだ名刺の書き方や渡し方などを活用・発揮するだろうということを想定しています。

　注意すべきことは，線を引きすぎないことです。やってみると分かりますが，線でつながりそうなところを一生懸命に探すと，意外とたくさん見付かります。もしかすると，生活科ではない教科等同士で線が引けるところもあるかもしれません。しかし，実際の授業でそれが実現できるかというと，また別問題となってきます。まずは，生活科との合科的・関連的な指導だけに絞って重点化し，「ここなら絶対にできる！」，「ここだけは頑張ってやってみよう！」というところを見付け，さらに精選しながら線を引き，引いたところは必ず実施することが大切です。

●弾力的な時間割の設定は，週案で形にする

　弾力的な時間割の設定として，学習指導要領解説生活編64ページには，

> ①朝の会から１時間目を連続した時間として設定すること
> ②10分から15分程度の短い時間を活用して時間割を構成すること
> ③２時間続きの学習活動を位置付けること

という３つの例が挙げられています。幼児期に大切にしてきた生活リズムや一日の過ごし方，集中する時間，意欲の高まりに配慮し，これらの３つを適切に生かしながら週案を組み立てていくことで，子どもたちは安心して学びに向かうことができます。例えば，①は幼児期に親しんできた活動を取り入れ，一日の始まりを楽しい気持ちで迎えられるようにするとよいでしょう。②は，国語や算数などの教科等の学習について，より小刻みに，ショートで集中した内容を確実に学べるように意図的に配列すると効果的です。③は，生活科の学校探検や図工での表現活動など，子どもたちが大好きで夢中になれる活動を設定すると，一人ひとりのよさを引き出すことができます。

　さらに，『発達や学びをつなぐスタートカリキュラム：スタートカリキュ

ラム導入・実践の手引き』の20ページに示されている「スタートカリキュラムを構成する活動の類型」を参考にし，3〜4つ程度の「○○タイム」を設定すると，子どもたちも親しみやすく，ゆったりとした時間の流れの中で一日の活動の見通しをもてると思います（本書には，2人の著者の勤務校の週案を組み合わせて作成した4週分の週案例を掲載しました）。

●形と魂の融合を目指し，自校のオリジナルのスタカリを！

　単元配列表と週案のつくり方，お分かりいただけたでしょうか？「なかなか大変そう……。」と思った方，その通りだと思います。これらのことをゼロの状態からつくるのは，相当に骨の折れる仕事です。

　そこで，まずは真似から入る，というのはどうでしょうか？本書に示した週案の例や2人の著者の勤務校のスタートカリキュラム（2校とも，学校のホームページにアップロードしています）を参考に，そのまま使えるところは使う，学校の実態に合わせるべきところは工夫する（アレンジする），というところから始め，とにかくスタートするということが大事です。スタートして実際にやってみれば，成果と課題は自ずと見えてきて，次年度に向けた改善点も明らかになってきます。世に出ている第3ステージのスタートカリキュラムを上手に活用して，第一歩を踏み出してほしいと思います。

　スタートカリキュラムは，形（紙キュラム）と魂（やりキュラム）が融合して初めて本物になります。形だけあって使われていない，もしくは形骸化しているというのでは，全く機能していません。逆に，魂だけはあるけれど，その場限り・その場しのぎの実践であったり，ある教室だけは実践されていても隣の教室は……という状況では，子どもたちのためとは言えません。単元配列表と週案という形の例は，本書でもお示ししました。そこに魂を込め，子どもたちが生き生きと学びに向かっていくスタートカリキュラムの実現に向けて，次章では活動アイデアの例を紹介していきます。「これならできそう！」という活動からでも，チャレンジしてみましょう！

第2章

週ごとに
よく分かる！
活動アイデア

第1週目の週案例

	1日目	2日目	3日目
		☆ 朝の遊び → p.34	
1時間目		♥ 安心をつくる時間　💡 国　語 なかよしタイムの取組 ①あいさつ ②元気かな ③歌ってスキンシップ ④読み聞かせ　　　　　2モジュール → p.36	
2時間目	♥ 安心をつくる時間·学校行事 安心してね （入学式） → p.32	🖋 生　活 学校のはてな → p.38 💡 図　工 好きなもの いろいろ	💡 音　楽 歌を歌おう・ 名前遊び → p.42
3時間目			💡学級活動・学校行事 避難訓練 → p.44 🖋 生　活
4時間目		💡 学級活動 帰りの支度・ 下校指導 → p.40	学校探検 → p.46
5時間目			

4日目	**5**日目
⑤お話しよう 〉1モジュール	
	➡ p.60
🍃 生　活	💡 学級活動・学校行事
学校探検	着替え・身体測定
	➡ p.56
🍃 生　活	💡 算　数
学校探検	数の学習
➡ p.50	（仲間づくり）
	➡ p.58
💡 国　語	💡 国　語
ひらがなの学習	ひらがなの学習
➡ p.54	

　１週目に何よりも大切にしたいことは，安心感をもち，生き生きと自己発揮できるようにすることです。卒園までは，自信をもって園のリーダーとしての役割を果たしていた子どもたち。入学してからもその力を発揮するためには，安心できることが必要です。

　そのために，朝の遊びや安心をつくる時間での活動などを通して，担任や友達との関係を築いていくことが欠かせません。さらに，いろいろな機会において園や家庭での経験を出し合うことで，「学校は，これまでの経験を生かせる場だ！」という安心感も生まれます。

　このようなドキドキがいっぱいである一方，新しく始まる学習や園よりもずっと大きい学校施設にわくわくもしています。そのわくわく感に応える活動も適宜取り入れたいものです。

※単元の全授業時間は，はじめの４週以外も含んだ全体の時間数となっております。

1

♥ 安心をつくる時間・学校行事……安心してね（入学式）

ともだちいっぱいできるかな？

本時のねらい

　　入学式の前後に友達や担任と遊びながら関わることを通して，これからの学校生活への安心感をもつ。

これまでの子どもの姿

◆園などでは学校ごっこなどをすることが多く，入学に向けて，新しい友達や担任との出会いや学校生活に期待感をもっている。

◆新しい環境に不安を抱いている子どももたくさんいる。特に，友達づくりを心配している子どもや保護者が多い。

活動のながれ ●：子どもの姿　□：教師の支援

園などで経験したことのある歌や手遊びなどをする　　式前 **15**min

- 手遊びならたくさん知っているよ！
- この手遊びは，隣の席の友達とできるよ。
- ねえねえ，一緒にやろうよ。
- なんかドキドキがなくなってきた！

> 好きな歌や手遊びを事前に園の先生に聞いて把握しておいたり，その場で子どもたちに尋ねたりする。

入学式での心構えについて話し合う　　式前 **10**min

- 卒園式，懐かしいなあ。
- いい姿勢で頑張ったよ！
- お話をしっかりと聞かないといけないね！
- 校長先生の話が楽しみだな。
- 学校の歌って，どんな歌だろう。

> 心構えを教師が伝えるのではなく，卒園式などの経験を引き出しながら気を付けることなどを出し合い，これまでの経験を生かせるようにする。

担任の自己紹介を聞く　　式後 **5**min

- 先生の名前は，入学式のときに紹介されていたからちゃんと覚えているよ！

> クイズ形式にしたり，絵などを使って視覚化したりして，楽しみながら

- 先生は，鬼ごっこが好きなんだ。
- 明日から，一緒に遊べるかなあ。

> 自己紹介を聞くことができるようにする。

呼名されたら返事をし，話したいことを一言話す　式後 **10**min

- はい！僕の好きな食べ物は，いちごです。
- はい！入学式，ドキドキしました……。
- はい！もう友達ができました！
- はい！算数の勉強が楽しみです。

> 学校でも話したいことを自由に話せるという実感をもてるようにする。話題の例を初めに出し合うとよい。

体を動かすことのできる歌を歌う　式後 **5**min

- 「さんぽ」なら知っているよ！
- よーし，じゃんけんで１番になるぞ！
- 隣の席の友達とも仲良くなれたな。
- 明日からの学校も楽しみだな。

> 「さんぽ」などの子どもたちがよく知っている歌に簡単な動きを付けたり，じゃんけんを取り入れたりするとよい。

寶來先生直伝！ 指導のポイント

◆ある園長先生から，「子どもは緊張していても歌は歌えるのよ。」と聞いたことがあります。園で歌ったことのある歌や手遊び歌などを歌って緊張をほぐすようにするとよいですね。入学式のときは，前を向いたスクール形式の机の配置が多いかもしれませんが，４人で１つのグループにする配置がお薦めです。多くの園では，グループ机で生活しているので安心でき，友達との距離も縮まるからです。話を聞くときには，椅子だけ前向きにする配置にします。「新幹線座り」とか「飛行機座り」とか，クラスのみんなで呼び方を決めるのも楽しいですね。

◆前日準備のときに，子どもたちの机の中に折り紙を２枚ずつ忍ばせておきます。入学式後，教室で保護者に向けて担任が話す前に，「机の中に手を入れてみて」と話し，折り紙を折っている間に保護者に話すと，子どもたちが静かに待つことができてお薦めです。ただし，金銀の折り紙は入れないこと。取り合いになってしまいますので。黒や茶色等の暗い色も入れない方がよいでしょう。この活動から，翌日の「あそびタイム」で折り紙がブームになることも考えられますね。

2

☆ あそびタイム……朝の遊び

きょうは　なにしてあそぼうかな

本時のねらい

自分で遊びたいものを選んで遊んだり，友達と誘い合って遊んだりして，緊張を和らげ，学校での一日の生活を安心してスタートする。

これまでの子どもの姿

◆園では登園して朝の支度が終わると，自分で遊びたいものを選んで遊ぶ「自由遊び」を経験していることが多い。

◆一人で遊びことを好む子どももいるが，友達の遊ぶ姿をじっくり見て，それから友達の遊びの輪に入っていく子どももいる。

活動のながれ ● : 子どもの姿　□ : 教師の支援

朝の支度が終わった子から自分の好きな遊びを選んで遊ぶ　　25〜30min

- 今日は，折り紙で遊ぼうかな。
- ねえ，カメラを折っているの？
  折り方教えて。
- いいよ。一緒に折ろう。
- 積み木しているんだ。私も入れて。
- いいよ。そっと積んでね。
- 黄色のおはじき，いくつあるかな。

> 教室の後ろに，遊びタイムコーナーをつくり，自由に使えるようにする。

> 例：折り紙，積み木，カルタ，おはじき，新聞紙，パズル，カードゲームなど

みんなで協力して片付ける　　5min

- 楽しかったね。
  また，明日も一緒に遊ぼう。
- いいよ。
- 一緒に片付けよう。
- ありがとう。

> 音楽をかけ，曲が終わるまでに片付けを終われるようにする。
> あらかじめ，写真や表示などを使って片付ける場所を分かりやすく表示しておく。
> 仲間と一緒に片付ける姿を評価し，よさを広げる。

- 今日，やったことをみんなに伝えたいな。

> 楽しかった活動について，このあとの「なかよしタイム」で伝えられる場を設ける。

〈教室環境の例〉

・教室の後ろに畳を敷き，クールダウンコーナーをつくる

・教室にカーペットを敷き，あそびタイムやなかよしタイムで活用する
・担任にも連絡帳に目を通すゆとりが生まれる

松村先生直伝！ **指導のポイント**

◆「朝の支度が終わったら他の子が終わるまでよい姿勢で待つ」というのが，「学校あるある」の１つ。「あそびタイム」を設定することで，朝の支度を素早く済ませようという意欲につながったり，自分のペースで一日をスタートしたりすることができそうです。

◆担任にとっては，「あそびタイム」の間に連絡帳に目を通したり，子ども一人ひとりのことをよく見たり関わったりすることができます。ゆったりとした時間が，子どもにも担任にも心の余裕をつくります。

◆園の見学に行くなどの機会を活用して，園ではどのようなコーナーをどのように設置しているかを見ると，入学期の教室環境を考える上でとても参考になります。

3

♥ 安心をつくる時間……なかよしタイムの取組

なかよしタイムで　もっとなかよく

（2モジュール）

本時のねらい

　一人ひとりが安心感をもち，担任や友達に慣れ，新しい人間関係を築く。

これまでの子どもの姿

◆園では，朝の集まりのときなどにあいさつや元気調べなどを行っている。また，季節の歌や手遊び，ゲームなども楽しみながらみんなでやることで一体感を獲得している子が多い。

◆読み聞かせは，お昼寝の前や降園の前などに行っている園が多い。物語だけでなく，図鑑や科学絵本なども，好んで読まれている。

活動のながれ ●：子どもの姿　□：教師の支援

あいさつから，なかよしタイムを始める　　　　5 min

教師「おはようございます。」
● おはようございます。
● 今日は，○月○日○曜日です。

| 朝の会から1時間目を連続した時間として設定し，幼児期に親しんできた手遊びや歌，リズムにのって体を動かすことや絵本の読み聞かせなどを行う。初めのうちは，教師が音頭をとるが，だんだん当番や日直を決めて司会ができるようにする。 |

元気調べをして，今日のクラスの仲間の健康状態を知る　　　　5 min

● ○○さん。　　　手拍子（パン　パン）
● 元気です。　　　手拍子（パン　パン）
● △△さん。　　　手拍子（パン　パン）
● 眠いです。　　　手拍子（パン　パン）
● ▽▽さん。　　　手拍子（パン　パン）
● お休みです。　　手拍子（パン　パン）

| 友達の名前を呼び合うことで集団の一員としての所属意識をもてるようにする。リズムにのって名前を呼び合うことで，メリハリのある活動にする。友達の健康状態や楽しみにしている |

- お大事に。　　　手拍子（パン　パン）
- 今日は，一人お休みだね。

こと，お休みの子どもの情報などを聞くことにより，友達との関係をつなげていけるようにする。

歌ったり，スキンシップを取り入れたゲームをしたりする　　10min

- ひざをポンと叩いて右，叩いて左を繰り返すんだね。おもしろそう。
- 「線路は続くよ　どこまでも」に合わせてやってみよう。
- 今度はスピードアップしてみよう。
- 今度はゆっくりだね。おもしろそう。

体が自然と触れ合うよう輪になって座り活動を始める。
最初に動作だけやってみて，その後，歌に合わせるようにする。
テンポを変えて繰り返しを楽しめるようにする。

読み聞かせを楽しむ　　10min

- 今日の絵本は，『へんしんトンネル』だね。
- かっぱだ。
- かっぱかっぱ…ぱかっぱかっぱかっ…
- うまになっちゃった。
- 次は，とけいだ。
- とけいとけい…けいとけいとけいと…
- わかった！
- けいとになっちゃった。

本の絵が見える場所に座れるように声をかける。
読んだあと，教師が黒板に画用紙を貼り，この本の中に出てきた好きなものを描いてみせることで，「自分たちも好きなものを描いてみたい。」という思いをもてるようにし，図工の学習につなげることも考えられる。

松村先生直伝！　指導のポイント

◆どうしても形式的になりがちな健康観察。リズム遊びのように手拍子を取り入れたり，「元気です。」だけではなく思っていることを自由に話せるようにしたりするなどの少しの工夫で，楽しい健康観察ができそうです。

◆ゲームでは，体を動かしたり触れあったりする，声を出したり歌ったりするなど，体全体を使う活動をすることが大切です。体と心はつながっているので，体がほぐれると心もほぐれて安心感につながります。

◆読み聞かせの本を選ぶときには，園の先生方や子どもたちにこれまで親しんできた本を聞いたり，今後の教科等の学習につながりそうなものを選んだりするといいですね。

第1週　第2週　第3週　第4週

4

生活……学校のはてな

はてなをかいけつ　みんなでかいけつ
（2モジュール）

本時のねらい

　学校生活でのはてなを出し合い，みんなで解決することで，学校は園と同じように，自分たちの疑問をみんなで解決するところだと分かる。

これまでの子どもの姿

◆子どもたちは，園では「なんでもできる年長さん」として，憧れの存在である。物の置き場所や生活上のルールにおいてもよく分かっており，年下の子どもたちに教えている側である。

◆自分が困っていることがあったら，先生や友達に言って解決するということは園でも経験してきている。

活動のながれ ●：子どもの姿　□：教師の支援

| 子どもたちから出されたはてなを解決していく | **15**min |

●ランドセルはどうするの？

●ロッカーに入れた方がいいと思うよ。

●だって，お兄ちゃんのクラスに行ったことがあるんだけれど，ロッカーに入れていたもの。

教師「みんなのロッカーを見ると，いろいろな入れ方があるね。どの入れ方がいいと思う？」

●ベルトが出ていると通る人にぶつかって落ちやすいと思う。

●丸い方を前にした方が危なくないと思う。

●なるほど！　本当だね。私，直してくる。

●わあ，みんなが丸い方にしたら，とってもきれいに見えるね。

●はてなが一つ解決してなるほどになった

> 子どもから出されたはてなは，すぐに答えずに，「いいはてなだね。みんなで解決しようね。」と短冊に切った画用紙に書いておく。

> その他，予想されるはてな
> ・ジャンパーはどうしたらいいの？
> ・道具箱はどうするの？

ね。
- 先生，お勉強はやらないの？

第1週

> 「お勉強はやらないの？」という子どものつぶやきから，「勉強ってなんだろう？」というはてなにつなげ，みんなで解決する。

「勉強ってなんだろう？」のはてなについて考える　15min

教師「勉強ってなんだろう？」
- 今，やっていることは，遊びではないよね。
- でも1＋1＝2みたいな勉強ではないよ。

第2週

- はてなをみんなで解決して，なるほどにしていくことも勉強なんじゃないかな。
- そうだよ。解決すると頭がよくなると思うよ。
- なるほど！　○○さんのはてなも解決してなるほどになったね。
- これからも，はてながあったらみんなで解決していくぞ。

> 友達のはてなをみんなで解決していこうとする子どもを取り上げ，みんなで解決するよさを広げる。

> 似たようなはてなは，まとめて解決したり，解決したはてなをもとに確認したりして，テンポよく解決していけるようにする。

第3週

第4週

松村先生直伝！　指導のポイント

◆入学当初は，「〜の仕方・使い方」の指導のオンパレードになりがちです。これでは，子どもたちの入学への期待感を無駄にしてしまいます。この時期ならではのわくわく感ややる気を大切にして，疑問を出し合い，自分たちで考え，解決していくことを重視したいものです。

◆一方で，子どもたちは学校に対するイメージとして，国語や算数を教えてもらう場所，という考えを抱きがちです。思いや願いを実現すること，問題を発見・解決することこそが勉強であるということを，実際の学習やそれを捉え直す活動を通して実感できるといいですね。

5

 学級活動……帰りの支度・下校指導

みんなでなかよくかえろう

本時のねらい

登下校の仕方や同じ下校班の友達を確認し，安全に気を付けて下校する。

これまでの子どもの姿

◆園などでは，保護者の送り迎えや送迎バスでの登園・降園をしている場合が多く，自分で登下校することに不安をもっている子どもが多い。

◆園などでの散歩などを通して，道の歩き方や車に注意することなど，交通安全の基本的なルールは学んできている。

活動のながれ ●：子どもの姿 □：教師の支援

帰りの支度をする   10min

● 朝の支度と同じようにすればいいのかな。
● それなら僕にもできそうだぞ。
● これはどこにしまうのかな？
● 一緒にやろうよ。教えてあげるね。

> 朝の支度のときに手順などを示していたイラストを活用する。友達と教え合いながら支度ができるように支援する。

登園・降園の思い出を出し合いながら下校の仕方を確認する   10min

● 私はバスで通っていたから，家の前まで先生が送り迎えをしてくれたんだよ。
● 僕はお母さんと一緒に歩いて行ったり帰ったりしていたよ。
● 学校は，一人で歩くんだよね。
● 朝，友達と登校してきたから，ドキドキしたけど楽しかったよ。
● 右左をちゃんと見て，車を確認しよう。
● 一人になると危ないから，友達となるべく帰った方がいいんだって。

> 机の上にはランドセルなどがあり，集中が難しいときがあるので，黒板の前に集まって話し合いをするとよい。

> 園などでの経験を出し合いながら学校との違いに気付くようにする。気を付けるべきことは，子どものこれまでの経験を基にすると十分に引き出すことができる。

仲間づくりゲームをしながら，下校班を確認する　　　15min

- 7月生まれの仲間は集まって！
- 朝ごはんがパンだった人はこっちだよ。
- ピンクコースの友達は誰かな。
- この仲間で一緒に帰るんだね。

> ゲームを通して下校班を何度も確認し，楽しみながら覚えることができるようにする。

帰りの会をする　　　10min

- 帰りの会って，保育園でもやっていたよ。
- 先生とじゃんけんをして，さようならだって！
- 明日も学校に来るのが楽しみだな。

> 歌を歌ったり，じゃんけんをしたりして，楽しい雰囲気で下校できるようにする。

實來先生直伝！　指導のポイント

◆下校の仕方については，今までの経験を生かし，横断歩道を渡るときの約束など，子どもたちの経験を語ったり，実際に動作化したりすることで楽しみながらきまりを確認できると思います。

◆下校班については，ランドセルの側面にリボンやシールをつけるなど，一目で見てわかるようにするとよいです。放課後のキッズクラブや学童保育などに通っている子どもには，もう一本別の色のリボンをつけるようにしておくと分かりやすいですね。その日によって行くときと行かないときがあるので，方面別の名簿もつくっておくと安心です。

◆学校まで迎えにくる保護者，集合場所まで迎えにくる保護者，学校によっていろいろだと思いますが，担任は，交替でいろいろな方面に行き，より多くの保護者と顔を合わせ，お子さんの頑張りを伝えたり，不安なことに答えたりすると安心してもらえると思います。

6

 音楽……歌を歌おう・名前遊び

うたでなかよし

（1時間目／全3時間）

本時のねらい

音楽に合わせて歌ったり体を動かしたりしながら，拍の流れにのって表現する喜びを味わう。

これまでの子どもの姿

◆遊びや生活の中で，リズムを感じる，即興的に歌う，誰かが歌い出すとそれに合わせて歌い始めるなどを楽しんできている。

◆自分なりの表現やその楽しさを先生や友達と受け止め合いながら，音や音楽で十分に遊び，友達と一緒に表現する楽しさを味わっている。

活動のながれ ●：子どもの姿 ☐：教師の支援

名前遊びをして拍の流れを感じ取る　　　10min

- 「○○さん・」
- 「はあい・」

- 次は，「お名前は・」
  「○○です・」でやってみようよ。

> 「タンタンタンウン」の4拍子のリズムに合わせて，子どもの名前を呼び，教師が例示しながら「はあい・」とリズムをとることができるようにする。
> 子どもの様子を見ながら速度を調整する。

拍打ちに合わせて，名前遊びを工夫する　　　10min

- 3文字の言葉は，トマトです。
- たぬきやはがきも3文字だね。
- 一人「トマト・」
- 全員「トマト・」
- 一人「ごはん・」
- 全員「ごはん・」
- おもしろいね。

> 「○○○・」に入る好きな3文字の言葉をみんなで見つける。
> 子どもたちから出た言葉を板書したり，ヒントになる絵や言葉のカードを掲示したりしながら，どの子も拍打ちに合わせられるようにしたい。
> 4拍子に休符を入れながら，手拍子

が揃うように声をかけ，和やかな雰囲気の中で進められるようにする。

「名前遊び」のリレーをして楽しむ　　10min

- 「うさぎ・」
- 「たぬき・」……
- やったー。みんなつながったね。

リレーをする際は，3文字の言葉を自分の隣の子へ丁寧に渡すような気持ちで唱えるよう，声をかける。

校歌をリズムにのって歌う　　15min

- 3年生のお兄さんお姉さんが校歌を教えてくれるんだって。
- きれいな声！　僕たちも歌ってみたいな。
- まずは，3年生が歌ったあと，まねっこで歌ってみて，次に一緒に歌ってみよう。
- 今度は，私たちだけで歌ってみるから聞いていてね。
- 大きな口で歌えていて，かっこいいって言われちゃった。
- 毎日，この歌詞カードを見て歌って，早く覚えたいな。
- 3年生のお兄さん，お姉さん，ありがとうございました。

入学を祝う各学年の取組を活用する。3年生の都合に合わせて，この活動だけ，1モジュールでやることも考えられる。
3年生には，最初に歌ってもらい，その後は1年生の隣に座って一緒に歌ってもらうようにする。
3年生にアドバイスをしてもらい，できたところはほめてもらえるようにする。
意欲を高めるには，ひらがなで書いた校歌の歌詞をプレゼントしてもらうなども考えられる。

松村先生直伝！　指導のポイント

◆低学年，特に1年生の音楽では，歌いながら体を動かすことが多いので，それにふさわしい環境を整えたいものです。例えば，音楽室やオープンスペースを活用したり，教室では机といすを端に寄せて広い空間をつくったりするといいですね。

◆リズム遊びの中にも友達づくりの要素を取り入れることで，より入学期に適した活動になります。ペアやグループ，全体と形態を変えたり，テンポに変化をもたせたりしながら繰り返し行うとよいでしょう。

第1週

第2週

第3週

第4週

7

 学級活動・学校行事……避難訓練

ひなんくんれんってなあに？

（2モジュール）

本時のねらい

園などでの避難訓練の経験を思い出しながら避難の仕方を確認し，それを基に実際に避難する。

これまでの子どもの姿

◆園などでは，学校と同じように避難訓練を行っているので，「おかしも」などの合言葉を知っている子どもが多くいる。

◆「地震のときには，机の下でダンゴムシみたいになる。」など，それぞれの園ごとに特有な言い方で避難の仕方を理解している場合もある。

活動のながれ ●：子どもの姿　□：教師の支援

園などでの避難訓練の仕方を出し合う　　5 min

● 「おかしも」っていうのがあったよ。
● 私の幼稚園でもそう言っていたよ。
● 火事のときは，ハンカチを口に当てて避難しないといけないんだよ。

> それぞれの園での経験を大切にし，違いを楽しめるようにする。

学校の避難訓練の疑問を出し合いながら，避難方法を確認する　　5 min

● どこに避難すればいいのかな。
● 幼稚園のときは園庭に避難していたから，校庭に避難するんじゃないかな。
● どの道を通って校庭に行くんだろう。
● 避難するときは，火事の場所から遠いところを通るって，保育園の先生が言っていたよ。
● 今日は給食室が火事だから……。

> 園などと学校との違いを基に疑問を出し合い，それについて話し合ったり，教師が補足の説明をしたりしながら，学校の避難方法を確認すると，これまでの経験を生かすことができる。

他の学年と一緒に，実際に避難訓練を行う　　　**15**min

- 初めての避難訓練，ドキドキするな。
- みんなで決めたことをみんなで守ろう！
- お兄さんやお姉さんも，「おかしも」を
  ちゃんと守って避難しているよ。

> できたことを，ほめたり認めたりし
> ながら，自信をもって避難できるよ
> うにする。

避難訓練の振り返りをする　　　**5**min

- 「おかしも」がしっかりと守れたよ。
- 保育園のときの避難訓練と似ていたよ。
- 給食室って，どこにあるんだろう。
- みんなで見に行ってみたいな。

> 次の時間に学校探検の授業を設定し
> ておくと，今回火災場所となってい
> た給食室を見付けたいという思いに
> つなげることもできる。

> 予想される約束例
> 「おかしも」
> ㊙さない
> ㊙けない
> ㊙ゃべらない
> ㊙どらない

寶來先生直伝！　**指導のポイント**

◆避難訓練は園に通っている子どもたちは経験していることだと担任が知っ
　ているだけで，授業の流れが違ってきます。この時間だけではないことで
　すが，教師が全部説明するのではなく，子どもたちの経験を引き出しなが
　ら授業を進めていきましょう。

◆「避難するときは，火事の場所から遠いところを通る」ということが子ど
　もたちの経験から出ない場合は，教師から話し，「自分の命は自分で守る」
　という素地を養うようにするとよいでしょう。

8

生活……学校探検

がっこうのなかを　ぼうけんしたいな

（1時間※60分／全15時間）

本時のねらい
　学校を探検したり，気付いたことを表現したりして，学校の施設の様子や学校生活を支えている人々などに関心をもち，もっと探検してみたい場所などを出し合ったり，探検の約束や名前，歌などを考えたりする。

これまでの子どもの姿

◆入学当初の子どもたちにとって，学校は不思議や驚きでいっぱいな場所である。「自分たちが思っていることをクラスのみんなに伝えていいのだ。」ということを感じると，「学校の中を，ぼうけんしてみたいな。」という思いが自然と出てくる。

◆学校探検をしたいという思いはあっても，自分たちだけで本当に探検できるか不安に思っている子どももいる。その不安を教師がしっかり受け止め，少しずつ解消しながら，自分の教室から探検範囲を同心円的に広げていくような学習活動を展開すると安心して探検できる。

活動のながれ ●：子どもの姿　□：教師の支援

探検に行ってみたいという思いを出し合う　　　　　　　10min

● 学校の中をぼうけんしてみたいな。
● 私も，行ってみたい。

● だって，園よりもすごく大きいから，どんなところがあるか見てみたい。

> どうして探検したいと思ったか問い返す。

探検への不安やどんなふうに探検してみたいかを出し合う　　10min

● 一人で行きたいな。
● 迷子になっちゃいそうで心配だな。

- だったら，僕と一緒にいこうよ。
- ありがとう。

- 広いから，最初は1階から行きたいな。そうしたら迷子にならないんじゃない。

- 時計の長い針が○までって決めたらいいんじゃない？
- 避難訓練の約束みたいに，約束をつくりたいな。

- 走っちゃだめだよね。
- 静かに行かなきゃね。

> 友達の不安を一緒に解決していこうとする子どもを取り上げ，みんなで解決するよさを広げる。

> 探検するときの約束の話題が子どもから出ない場合は，教師から投げかける。

> 学校探検の約束は，歌にするとよく覚えられるので，歌にするのはどうかと提案してもよい。

部屋に入る場面などのやりとりについて考えたあと探検を行う　　**30**min

- 園長先生のお部屋に入るときはトントンとノックしてから「失礼します。」と言っていたよ。
- その後，組と名前を言っていたよ。
- やってみたい。みんな，見ててね。

- 「1年○組の○○です。」
- 何しにきたかも言うといいんじゃない。
- 「学校探検できました。」
- 入っていいか，聞いたらいいんじゃない。
- 「入ってもいいですか。」

- 最後は「ありがとうございました。」って言うといいと思うよ。
- 「ありがとうございました。」

- 長い針が○になるまで，探検に行くぞ。
- 行ってきます！

> 今までの園の経験を思い出せるように問いかける。

> 国語と関連させて指導する
> 「入ってもいいですか。」の考えが出ない場合は，教師から投げかける。「今は，困ります。」と実際に教師がやってみることで，相手には都合があることに気付けるようにしたい。

> できたことをほめたり認めたりしながら，自信をもって探検できるようにする。

> 事前に全教職員に学校探検の意図を伝えておく。

第1週

第2週

第3週

第4週

学校探検の振り返りをする　10min

- 骸骨があるお部屋があったよ。
- でも，鍵がかかっていて，中に入れなかった。入ってみたいな。
- 何で鍵がかかっているのかな。
- 多分，大切なものがあるからじゃない。
- 鍵はどこにあるのかな。
- 園のときは，先生のお部屋にあったよ。
- 次の時間に鍵を探しにいこう。
- 静かに歩けたよ。
- 迷子にもならなかったよ。
- ○までに戻れなかった。次は約束の少し前になったら教室に戻るね。

> 理科室の骸骨など魅力的なものについては，子どもが廊下からでも見えるところに出しておき，「中に入ってみたい。」「鍵をあけたい。」という思いにつなげられるようにする。

松村先生直伝！　指導のポイント

◆「学校探検」と言いながら，行列の子どもたちを担任がバスガイドのように案内することが多いのではないでしょうか。学校全体の協力を仰ぎ，本当の「学校探検」を実現しましょう。1年生の子どもたちでも，時間になったら教室にちゃんと戻ってきます！

◆「○○を探検したい！」という思いや願いを実現できるようにするとともに，「探検は心配……」という不安にも寄り添い，クラス全員の子どもたちが安心して探検に行けるようにしたいですね。そのためにも，同心円という視点は大切だと思いました。

◆楽しい学校探検のはずが，ルールの指導が長くなったり，戻ってきたらお説教になったりしてしまう……こんなこと，ありませんでしたか？　これを避けるためにも，約束を歌にして定着を図り，それをさくっと歌うだけでルールが確認できるようにするというのは，ぜひやってみたいですね。
（寶來先生は，「グーチョキパーでなにつくろう」の替え歌（※ p.77参照）にしていました。）

入学式後の言葉かけ

入学式が終わって教室に戻ってきたとき，どんな言葉で始めるか考えてみましょう！

● 入学式が終わって，教室に戻ってきたとき

1年生のみなさん，入学おめでとう。
先生は，みなさんに会えるのを
うんと楽しみにしていました。
先生の顔を見てください（笑顔で）。
（一人一人と握手）
先生の名前覚えている？

ほうらい　きしこ　せんせい！

（板書する：ほうらい　きしこ）

学校は，みんなのおうちです。
だから，安心してくださいね。
困っていることがあったら助けます。
学校で困ることってどんなことがあるかな。

友達ができなかったらどうしよう。
給食で嫌いなものが出たらどうしよう。
いじめられたらどうしよう。

そうだね。そんなときは，
先生が聞くから，先生にお話してね。

+α　保護者が体育館から教室に戻る前に

　まずは，トイレ，水飲み。つぎに，返事の練習をします。返事のときに，一言ずつほめましょう。
　「たくさんの人の前で返事をすることは，とても勇気のいることです。でも大事なことです。みんなは上手にできるかな。」
　歌や手遊びで時間調整しながら，緊張をほぐして保護者を待ちましょう。保護者はわが子が元気に返事をしている姿を見ると安心します。

9

 生活……学校探検

こんなことあったよ

（3時間目／全15時間）

本時のねらい

学校を探検したり，気付いたことを表現したりして，学校の施設の様子や学校生活を支えている人々などについて考えようとする。

これまでの子どもの姿

◆園では，遠足や運動会などの行事のあと，絵で表現することを経験している子どももいる。また，文字が書ける子どもは，文字で表現したいと思うことも考えられる。

◆学校探検をした後は，先生や友達に伝えたいという思いをもつので，伝え合いの時間を保障するとよい。「もう一回行ってみたいな。」「他のところも行ってみたいよ。」と活動を広げたり，深めたりしていくようにしていくと子どもたちの意欲が高まる。

活動のながれ ●：子どもの姿 ☐：教師の支援

探検しての驚きや発見，疑問をカードなどに表現する　　15min

- 理科室にね，こんなものが飾ってあったよ。
- それってチョウチョかな。きれいな色だね。
- 私も，行ってみたいな。
- 私は，校長先生のお部屋にあったお茶のセットを描くよ。

> 驚きや発見に共感し，子どもの思いを表現しやすくする。
> 子どもの経験に応じて，いろいろな大きさの画用紙を用意したり，ひらがなをまだ書けない子どもには，教師が聞き書きしたりするとよい。

探検しての驚きや発見，疑問を伝え合う　　25min

- 理科室で，とてもきれいな模様のチョウチョが飾ってありました。

- 本当にきれいだね。
- 多分，それはアゲハじゃないかな。今度一緒に連れて行ってね。

- 理科室には，骸骨がありました。
- 今日は鍵をかりられたので，中に入れました。
- すごいね。鍵はどこにありましたか。
- 鍵は，やっぱり先生たちのお部屋にありました。鍵のかり方を副校長先生に教えてもらいました。
- 今度，私も鍵をかりにいきたいな。

- 私は，校長先生のお部屋に行きました。
- 「失礼します。今，入ってもいいですか。」って言ったら，「いいですよ。」って言ってくれました。
- すごい。この前，練習したみたいに，ちゃんと言えたんだね。
- 校長先生のお部屋で，お茶のセットを見付けました。10個もありました。
- なんで，お茶のセットがあるのかな。
- 多分，お客さんが来るんじゃないかな。
- 園長先生のお部屋にもお茶のセットがあったよ。
- もう一度行ったときにお客さんがいるか見てみたいな。
- 校長先生に聞いてみたいな。

- 保健室でこんなものを見付けました。
- 大きな歯だね。歯ブラシも大きい。
- きっと，みんなに歯磨きを教えるためじゃない？
- 保健室にいる先生の名前を聞きました。山田先生という先生でした。
- 昨日，転んでけがをしたとき，僕も保健室に行ったよ。すごく優しい先生だったよ。

伝え合う際には，輪になって座ったり，書画カメラで子どもの作品を映したりするなど学習環境を工夫する。 伝えたい事柄や相手に応じて，声の大きさや速さなどを工夫できるようにする。	第1週
園での経験をもとに子どもたちから意見が出るような問いかけをする。	第2週
	第3週
園と比べて気付いたことを価値付け，みんなで共有できるようにする。	第4週

次に探検してみたいことを出し合う　5min

- 先生のお部屋に，本当に鍵があるか見に行ってみたいです。
- それで，私も○○さんみたいに理科室の鍵をかしてもらって，お部屋に入ってみたいです。
- 私は，校長先生のお部屋のお茶のセットのはてなを聞いてみたいです。
- 僕は，保健室に行って，山田先生に会ってみたいです。

> 意欲を高めるために，次に行きたいところに，ネームプレートを貼るなど，自分のやりたいことを視覚化するとよい。

松村先生直伝！　指導のポイント

◆体験が充実すると，絵や文字で表現したい，誰かに伝えたいという思いが高まるものです。そういったタイミングや機会を捉え，国語や図工の内容を指導するとともに，伝え合いの活動を十分に保障し，気付いたことを話したり友達の話を聞いたりして，次の活動へとつなげていくことが大切です。

◆伝え合いの活動では，音声言語だけでは話していることがよく分からなかったり，集中が途中で途切れたりしてしまうことがあります。作品を書画カメラで写すなど，視覚的に分かりやすくなるような工夫をしたり，学校の簡易地図などを活用して子どもの発言を書き込んだりするとよいでしょう。

◆ネームプレートは，貼るという行為が自己決定を明確にするだけでなく，誰がどこに行くのか，何に興味をもっているかを教師が把握するためにも役立ちます。

松村先生の学級だより～その1～

1年3組　学級だより　第2号	大田区立松仙小学校
フロントランナー	4月7日 校　長　齊　藤　　純 担　任　松　村　英　治

入学式を終えて…

　へとへとになって帰ってきたお子さんも多かったのではないでしょうか。保護者の皆様も，長時間にわたってお疲れ様でした。何よりも，34人全員が出席できたことが私にとって一番嬉しかったことです。子供たちは，私のことを「励ましてくれる」「優しい」「メガネをかけている」「賢い」「勉強が上手にできる」「教えてくれる」「怒らない」先生と（予想で）言ってくれました！子供たちと初めて出会い，明るくて元気！発想もユニーク！…これからの学習・生活がとても楽しみです。

スタートカリキュラムで子供たちの安心を。

　今日から本校の1年生では，2週間程度を目安にスタートカリキュラムを実施します。スタートカリキュラムとは，幼稚園や保育所などの遊びや生活を通した学びと育ちを土台として，主体的に自分のよさを発揮し，新しい学校生活を創り出していくためのカリキュラムです。

　具体的には，①新しい人間関係を築くことで安心感をもつための学習（なかよしタイム），②生活科の学校探検を中心とした学習（わくわくタイム），③教科などを中心とした学習（ぐんぐんタイム），の3つを視点として，一日の活動を構成しています。子供たちが見通しをもって活動に取り組むことができるように，概ね①→②→③という流れで毎日学習していきます。

　今週は，まずは「安心」「楽しい」です！友達や担任と楽しくなかよくかかわることで安心すると，子供たちが本来もっている力や幼稚園・保育所などの遊びや生活で身に付けてきた力を発揮することができます。

　今日はこんなことをしました！

　1時間目は，なかよしタイムです。「さんぽ」と「1年生になったら」を，体を動かしながら楽しく歌ったり，「松仙小学校校歌」をみんなで聞いて口ずさんだりしました。4～5人のグループで自己紹介をして，友達のことを知ったり自分のことを知ってもらったりしました。

　2時間目は，わくわくタイムです。学校探検で行ってみたいところをみんなで出し合い，廊下を歩くときのルールを考え，実際に1年生の教室前の廊下やトイレ，1階の靴箱を見に行き，トイレや靴箱のよい使い方を出し合ったり教わったりしました。この時間の終わりには，明日行きたいところも決めました。

　3時間目は，配布物を受け取ってきれいにたたんだり，方面別の下校の仕方を確かめたりしました。

　ご家庭では，お子さんから学校の話をたくさん聞いていただきたいと思います。「忘れた～」と言うこともあると思いますが，そこでのお助けとなるように学級だよりを発行します。「今日はどこを学校探検したの？」「お友達の名前は覚えた？」など，少し質問していただければと思います。

　明日の予定は…

　なかよしタイムで楽しく歌を歌ったあとは，保健室探検をしながら身体計測や着替えの練習をしたり，給食室探検をしながら栄養士さんの話を聞いたりする予定です。牛乳だけですが，初めての給食もあります。「明日が早く来てほしい！」となるように，私も頑張ります。

お知らせとお願いと一言メモ

○昨日，靴を間違えてしまったお子さんがいたようです。一度ご確認いただき，もし間違っていた場合には，連絡帳などで担任までお知らせください。お手数をおかけします。よろしくお願いします。

　入学直後から国語や算数がいきなり始まることに不安を感じている保護者の方もたくさんいると思います。学年だよりや学級だよりを活用して，スタートカリキュラムの目的や方法などを丁寧に伝えます。

10

💡 国語……ひらがなの学習

「あいうえおうさま」であいうえお

本時のねらい

寺村輝夫作 『あいうえおうさま』の絵本（理論社）をヒントにひらがなの学習をすることで，ひらがなの字形や書き方を学んだり，語彙を増やしたりする。

これまでの子どもの姿

◆これまでの生活や読み聞かせの経験から多くの語彙を獲得している子どももいる一方で，文字にあまり興味・関心がなく，語彙も少ない子どももいる。

◆文字の書き順や字形にこだわらず文字を獲得してきた子どもにとっては，一つひとつのひらがなについてもう一度見直すような活動を取り入れる。

活動のながれ ●：子どもの姿 □：教師の支援

今日のおうさまのひらがなについて予想する　　5 min

- "○ょうこ" "○っぱい" だから 「し」じゃないかな。
- しろくまがあるから，多分「し」だと思う。
- やっぱり 「し」 だったね。

> 語彙の豊富な子どもには，プリントの文字から，それが難しい子どもには，絵本の絵をヒントにして，考えられるようにする。

文を読み,分からない言葉や注意点を出し合い,書き順について知る　10min

- 「しみこむ」ってどういう意味ですか。
- 私，分かるよ。砂場にじょうろでお水を入れるとお水が砂の中に入っちゃうでしょう。ああいうのが「しみこむ」なんじゃないかな。

- 今日の 「し」 は，最後は止まらないよ。
- はらうよね。

> 意味が分からない言葉を自分の生活経験から説明しようとする子どもを取り上げ，価値付ける。言葉だけで，説明できない場合は，絵や動作などで説明してもよいことを伝える。
> 子どもたちが黒板の前に出て，今日のひらがなで気をつける点について発表できるようにする。
> 今日のひらがながつく友達の人数を

- 「し」がつく人は立ってください。
- 「し」は，5人の友達についたね。

- 指で書いてみよう。
- 今度は目で書いてみよう。
- 最後は，お尻で書いてみよう。

> 数えることで，どのひらがなが一番使われているか今後も興味をもって調べていけるようにする。

> 指や目だけでなくいろいろな場所を使って書き順を確認することで，楽しみながら定着できるようにする。

字形に気を付けて書き，今日のひらがながつく言葉集めをする　20min

- どの部屋から書くのかな。
- 1の部屋と2の部屋の間から書くんだね。
- はらうのは4の部屋だね。
- 丁寧に書こう。
- 先生から，花丸をもらったよ。
- 今度は，言葉集めをするぞ。
- 先生，これ見て。「しろながすくじら」

> マスを4つの部屋に分けて，どこから書くか確認できるように問いかける。
> 字形に気を付けて丁寧に書いている子どもをほめ，全体に広げる。
> 終わったら，言葉集めをしてノートに書くことで，楽しみながら語彙を増やせるようにする。

「ひらがなやのおみせ」のリズムにのって，言葉集めをする　10min

教師「やおやのおみせの…の部分を，ひらがなやのおみせにかえて歌ってみよう。」
- A 「しろくま」
- 全員「しろくま」
- A 「しろくま」
- 全員が口々に「おおきい」「寒そう」

> 「やおやのおみせ」の替え歌にして，言葉集めをする。

> その言葉を聞いて連想するものを言うことで，国語の「語彙力」もつけられるようにする。

松村先生直伝！　指導のポイント

◆最初はわくわくしながら始まったひらがなの学習が，だんだんとマンネリ化してつまらなくなっていく……これに悩む先生方も多いように思います。「あいうえおうさま」や「ひらがなやのおみせ」を取り入れることで楽しさがぐんとアップし，ひらがなの学習が待ち遠しくなります。

◆「ひらがなやのおみせ」は，手拍子を裏打ちすることでリズム感がより高まります。入学当初だからこそ，体全体を使って学ぶことができるように指や目，お尻で書く，などの工夫したいものです。

11

💡 学級活動・学校行事……着替え・身体測定

きがえてみよう

本時のねらい

教室での着替えの仕方を確認するとともに，保健室でのルールやマナーを理解し，実際に着替えや身体測定を行う。

これまでの子どもの姿

◆園などでは，様々な機会を通して，自分で着替えをしたり，着替えた服をたたんでしまったりすることを経験してきている。

◆園などでは，自分の机やいすがない場合が多いので，共有の場所で自分のスペースを自分で決め，着替えをしていることがある。

活動のながれ ●：子どもの姿 ☐：教師の支援

園などでの着替えの経験を出し合う　　10min

● 汗をかいたときやプールに入るときに，着替えをしていたよ。
● 保育園でも一人で着替えていたから，小学校でも大丈夫だと思う。
● 脱いだ服は，ちゃんとたたまないとね。
● 小学校は自分の机があるから，その上に置いたりそこでたたんだりした方がいいと思う。

> 園などでの経験を引き出してそれを生かしつつ，園と学校の違いに気付き，自分のスペースの中で立ったまま着替えができるようにする。

着替えをする　　5min

● 今，長い針が3だから，4になるまでに着替えるのを目標にしようよ！
● 5分って言うんだよ。
● よし，5分で終わるようにみんなで頑張ろう。

> 「どれぐらいで着替えができそう？」などと子どもに問いかけ，目標を相談しながら決めると意欲が高まる。

保健室でのルールやマナーについて話し合う　　10min

- 待っている人は静かにした方がいいよね。
- 早く終わった人もそうしよう。
- 始めに「お願いします」，終わりに「ありがとうございます」って言いたいな。
- 幼稚園でもそうやっていたな。

> ルールやマナーを教師が提示するのではなく，子どもの意見を引き出してまとめていく。

保健室で身体測定を行う　　15min

- 自分たちで決めたことをちゃんと守ろう。
- あと何人で終わるかな。1組はみんなで30人で，4人終わったから……。

> ルールやマナーを守ろうと努力している子どもの姿をほめたり広げたりする。

着替えをする　　5min

- さっきみたいにやればできるよね。私たち，もう何でもできるよ。
- さっきは5分だったから，今度は3分！

> 学校での着替えも園などと同じようにやればできる，という自信をもてるようにする。

賓來先生直伝！　指導のポイント

◆着替えたものをたたむことは，園でやってきた子どもが多いと思います。教師の方で教えてしまわずに，実際にやってみるなどして，何に気を付けたらよいか，子どもの経験を引き出すことが大切です。たたむ時間は，5分，3分とタイマーを使うのもよいですが，校歌や今月の歌の音楽を流して，「今日は，一番の歌が終わるまでにみんながたためたね。」というようにやる方法もあります。早くたためた子どもは，歌いながら待つことができるのでお薦めです。

◆病院に行った経験は，誰にもあると思います。「保健室は，病院と同じなんだ。」ということが分かれば，どんなことに気を付けたらよいか，子どもたちからどんどん出てくると思います。「静かにした方がいい。」と発言した子どもに対して「なんでそう思ったの。」と問い返すことで，「具合が悪い人がいたら，うるさくするともっと具合が悪くなっちゃうもの。」などと，ルールやマナーの必要性について，深く考えることができるのではないでしょうか。

第1週

第2週

第3週

第4週

12

💡 算数……数の学習（仲間づくり）

どんななかまができるかな？

本時のねらい

いろいろな観点や条件に応じて集合をつくったり，1つの集合に対して，その観点や条件を考えたりする。

これまでの子どもの姿

◆園や家庭などでの遊びや生活の中で，必要感に基づき数を数えたり，集合をつくったりすることを経験してきている。

◆身の回りの物の数を進んで数えたり，もっと大きな数の言い方を知りたいと思ったりするなど，数に関心をもっている子どもも増えてきている。

活動のながれ ●：子どもの姿　□：教師の支援

あそびタイムの写真を見て，気付いたことなどをペアで伝え合う　5min

● おはじきで遊んでいる子が12人いるよ。
● お絵かきをしている子は4人だね。
● 男の子は全部で16人だけど，その中の3人はカプラで遊んでいるよ。

> いきなり教科書に入るのではなく，あそびタイムなどの子どもの経験を取り上げることで，興味・関心を高める。

教科書の絵を見て，気付いたことなどをペアで伝え合う　5min

● いろいろな動物さんがいるよ。

● パンダが3匹，並んでいるね。
● 犬は4匹だよ。

● 座っているのは全部で……13匹もいる！
● それなら，立っている動物も数えてみよう。

> 気付いたことを楽しく自由に伝え合う中で，本時のねらいに迫るつぶやきは必ず生まれてくる。そのつぶやきを聞き逃さず，取り上げていく。

隣の友達と伝え合ったことなどを全体の場で発表し合う　**15**min

- 犬が4匹座っています。
- 犬はまだいるよ。立っている犬は5匹。
- 犬は全部で9匹いるね。
- ランドセルとパンダの数が同じだから，あのランドセルはパンダのものだと思います。

> 本時のねらいと直接関係がない発言も認めたり取り上げたりし，発言しやすい雰囲気をつくる。拡大した教科書の絵を○で囲み，可視化する。

教科書の絵について，ペアでクイズを出し合う　**10**min

- ねこは何匹いるでしょう？
- 立っている動物は，全部で何匹いますか？
- 帽子をかぶっている動物は，全部で何匹？
- このページにいる動物を合わせると，全部で何匹いるでしょうか？

> ペアで取り組む前に，教師ややりたい子どもが見本を見せると，見通しをもって取り組める。いろいろな観点や条件を使うように促すとよい。

身の回りの具体物について，集合づくりをする　**10**min

- この教室には，机は32個あります。
- ランドセルも32個あります。
- 黒板消しは，前に2個と後ろに2個で4個です。

> 「本当かな。みんなで数えてみよう。」などと全体に問い返すようにする。

賓來先生直伝！　**指導のポイント**

◆この授業は，入学してから初めて算数の教科書を使って学習する場面ですね。いきなり教科書に入るのではなく，子どもの経験を生かした導入が効果的だと思います。さらに，「授業は自分たちで創るもの」という感覚を育てるために，自由な発想を楽しく伝え合う活動を大切にしたいものです。

◆1時間の中で，ペアでの活動と全体での伝え合いが交互に行われたり，10〜15分間のショートの活動が小刻みに設定されたりしています。入学したての実態を踏まえると，このような工夫が有効ですね。

13

☀️ 国語……お話しよう

きょうのテーマはなあに？

（1モジュール）

本時のねらい
身近なことや経験したことなどから話したいことを決め，声の大きさや速さに気を付けて話したり，自分が聞きたいことを落とさないように集中して聞いて感想をもったりする。

これまでの子どもの姿

◆自分の伝えたいことが言葉で伝わったり，友達の考えを聞いて自分の考えを広げたりする楽しさを味わってきている。

◆学校では静かに座っていないといけないのではないかと思い込んでいる子どももいる。入学当初は安心して自己発揮することができず，話したいことを話せないこともある。

活動のながれ ●：子どもの姿 ☐：教師の支援

（パターンA）

今日のテーマを確認する　　3 min

- 今日のテーマは，好きな動物だね。
- 好きな動物，いろいろあるなあ。
- どれの話をみんなに伝えようかな。
- 動物園に行ったときの話もできそうだな。
- みんなはどんな動物が好きなんだろう。
- みんなの話を聞くのも楽しみだな。

> 座席を4人グループの形にしておく。入学式の翌日などにみんなで話したいことを出し合って短冊などに書き，裏返して掲示したり重ねたりしておく。日直が当日や前日に短冊を選び，テーマを決めるとわくわく感が高まる。

テーマについて，グループで話をする　　7 min

- 私の好きな動物はモルモットなんだけど，どうしてかというと，保育園でモルモットを飼っていて，かわいかったからだよ。
- モルモットを飼っていたなんていいなあ。
- 僕は，強そうだからライオンが好き。

> いろいろなグループを回りながら伝え合いが成立しているを見取り，停滞しているグループには支援に入る。「○○さんはどう思っているの？」などと声をかけ，意見の引き出し方

- オスとメスで見た目が全然違うよね。
- ○○さんは，何の動物が好きなの？

のモデルを示す。

自分の話したいことやグループで話したことを全体で伝え合う　**5**min

第1週

- 僕の好きな動物は，ライオンです。なぜかというと，強そうでかっこいいからです。
- 私の好きな動物は，スズメです。スズメは小さくてかわいいし，いろいろなところにいて，いつでも会えるからです。
- 私は，好きな動物は２つあって，１つ目はチーターで，２つ目は犬です。チーターは，足が速くてすごいからで，犬は家で飼っていてかわいいからです。

クラス全体に話すときの話し方や声の大きさ，速さなど，必要に応じて指導する。おもちゃのマイクなどを活用すると，話したいという意欲やしっかりと話そうという気持ちを高めることができる。

第2週

活動のながれ　●：子どもの姿　☐：教師の支援　　✐　（パターンB）

今日のテーマを確認する　　　　**3**min

第3週

- 今日のテーマは，学校で楽しみなことだって。
- 入学したときと比べると，楽しみなことがもっともっと増えたよ。
- 今日の授業の中から選ぼうかな。
- みんなが思い付かないようなことを言うぞ！

始まるときには，いすを丸く並べて座っているようにする。偶然に任せていろいろな友達の隣に座ることができるように，席順などは決めない。（テーマ決めについては，パターンAと同じ。）

第4週

テーマについて，近くに座っている友達と話をする　　**2**min

- 今日のお隣さんは，○○さんだ！
- まだあんまり話したことがなかったよね。
- はじめまして，だね。
- 学校で楽しみなことはなあに？
- 私は，体育の時間に，広い校庭で思いっきり走るのが楽しみだよ。
- そうなんだ！　面白そうだね。
- 僕は，図工でいろいろな絵を描くのが楽しみ。

いきなり全体で伝え合いをすると，考えがすぐに思い付く子や発言力のある子しか話すことができない場合も考えられる。その場合は，考える時間をつくり，緊張をほぐすためにも，近くの友達と気軽に話す時間をとる。

- 絵を描くのが得意なの？
- うん！　幼稚園のときから大好きだよ。

テーマについて，みんなで輪になって伝え合いを楽しむ　10min

- 僕が楽しみなことは，国語で漢字を習うことです。どうしてかというと，いっぱい漢字が書けるとかっこいいからです。
- 私も早く漢字を習ってみたいな。
- 漢字って難しそう……。
- 先生，漢字はいつから習うの？
- 漢字の前に，ひらがなもかたかなも頑張らないといけないんだね！
- 私は，音楽で鍵盤ハーモニカを弾くのが楽しみです。みんなでいろいろな曲を楽しく演奏してみたいです。
- 幼稚園で鍵盤ハーモニカをやっていたよ。
- そうなの？　僕はやったことがないなあ。
- 先生が優しく教えてくれると思うよ。

> 輪になっていることを生かし，楽しい雰囲気で互いの話を聞けるようにする。友達の話を興味をもって聞いたり，驚きなどを素直に表現したりしている子どもをほめてその姿を広げ，よい聞き方としてクラス全体に定着することを目指す。教師も輪の中に入って，子ども用のいすに座るとよい。

> クラスの実態によっては国語として「お話しよう」で45分間とることも考えられる。

寳來先生直伝！　指導のポイント

◆たくさんの園からやってきた子どもたちにとって，一人ひとりの名前と好きなものを知ることができる「お話しよう」は，とても楽しみな活動になると思います。テーマについての見通しがあるとどきどきせずに安心して臨めるので，私のクラスでは，前日に「明日は好きな色をお話しよう。」とみんなで決めていました。

◆「好きなもの」は，答えやすく，質問もしやすいです。話の仕方や質問の仕方，聞き方などについて，活動の中で学ぶことができます。「○○の仕方」を取り出して学ぶよりも，自分ごとで学べます。「こうやって話をしたり聞いたりすると気持ちよく学べるんだ。」と子どもたち自身がクラスの風土をつくっていくことにもつながるのでお薦めです。

1年2組　学級だより	ビッグバン	大田区立松仙小学校
第8号		校長　齊藤　純
4月15日		担任　松村英治

1年生を迎える会の代表決めで……

> 18日（月）14：00～は保護者会です。
> 多くの保護者の皆様のご来校をお待ちしております。

14日（木）の朝の会では、前日から予告していたように、1年生を迎える会で言葉を言う代表2名を決めました。私からは「短い言葉だから、誰でも言えるようになるよ。声が小さくても練習すれば、誰でも体育館で言えるようになるから大丈夫。先生が一緒に練習するから、やってみようか迷っているなら挑戦してみて。」と伝えていました。決め方を相談したところ、「それならくじでいいんじゃないの？」ということになりました。

くじを引きたい子、つまり、代表で言葉を言うことに挑戦してみる子は前に出るように伝えると、始めは25人くらいの子が出てきました。座って迷っている子が数人いたのですが、既に前に並んでいる子が「せっかくだからみんなでやろうよ！」と声をかけてくれて、1人、2人と立ち上がって前に来て、最後には32人全員がくじを引きました。くじが当たって代表になったのは、32人の中のたった2人。しかし、入学7日目にして、何かみんなで挑戦しようという一体感や団結力が育ち、32人全員が「やってみよう！」と少し背伸びができたことに価値があると思いました。

避難訓練はいつも100点で。

14日（木）は、初めての避難訓練がありました。避難訓練のはてなを出し合ったところ、6つのはてなが出てきました。子供たちによれば、避難訓練がなかった園はないそうです。そこでまずは、園のときの経験を生かして、はてなを解決してみることにしました。すると、ほとんどのはてなは解決していきました。具体的な方法は少しずつ違っていても、避難訓練で大切なことは変わらないということですね。

私から伝えたのは、「避難訓練で『惜しかったね。』というのはない。」ということです。自分の命が守れるか守れないか、生きるか死ぬかしかないので、避難訓練はいつも100点でなければならないという話をしました。

この日は雨が降っていたので廊下までの避難でしたが、放送を聞いて素早く並び、私が人数を確認したら座るというところまで、真剣に取り組むことができました。

①どこに逃げるの？
→お庭や園庭に逃げていたから、校庭に逃げる。
②忘れ物はどうするの？
→「おかしも」の「も」。戻らない。命が大切。
③靴は？
→上履きのまま。時間がないから。
④防災頭巾は？
→頭にかぶるけれど、今日は特別にしない。
⑤出口や逃げる途中が燃えていたら？
→そうならないように、スピーカーや先生の話をよく聞かないといけない。
⑥机の下のもぐり方は？
→ダンゴムシみたいにする。机の脚を持つ。

見通しと振り返りで子供たちと授業を創る！

14日（木）のぐんぐんタイムの国語では、前日の名刺作りの続きと名刺交換をしました。1年間を通して、「見通しを立てたり、振り返ったりする学習活動」を大切にしたいと考えています。この日は、前日の名刺作りの活動を振り返って、今日は何をするのかを子供たちと確認していきました。名刺作りが終わったら友達と名刺交換をするという ゴールのイメージ だけでなく、ここに至るまでの、名前を書く、絵を描いたり色を塗ったり、はさみで切るといった プロセスのイメージ の見通しももたせています。また、「ここまでのことは、長い針がどこになったら終わりそう？」と問いかけて、自分の活動のペースや時間の感覚の認識も育てています。終わったらどうするのかも子供たちと相談して、早く終わったら読書をすることにしました。

名刺交換のモデルも、子供たちの意見を基にして作っていきました。「名刺交換しようよ。」「私の名前は○○です。」「1年間よろしくね。」「友達になってね。」などの言葉を使いながら、グループの友達を始め、7人の友達と名刺交換をしました。8枚作った中の1枚は、おうちの人に見せるために持って帰りました。自分から見せて、自分の頑張りを自分で伝えることができたでしょうか？

子どもたち同士の温かな関わりや園での経験を生かす姿、自分たちで学びを創り出していく様子を意図的に伝えます。楽しい学校生活に安心し、さらに、学校も変わってきているということを理解していただきたいと考えています。

第1週

第2週

第3週

第4週

第2週目の週案例

	1 日目	2 日目	3 日目
	☆ 朝の遊び		
1 時間目	♥ 安心をつくる時間　💡 国　語		
	なかよしタイムの取組・⑤お話しよう｝1モジュール ①あいさつ ②元気かな ③歌ってスキンシップ｝2モジュール ④読み聞かせ		
2 時間目	🍃 生　活	💡 体　育	💡 国　語
	学校探検 ➡ p.66	みんなで遊ぼう ➡ p.72	ひらがなの 学習
3 時間目	💡 図　工	💡 算　数	🍃 生　活
	大きな紙で 遊ぼう ➡ p.70	数の学習 ➡ p.74	学校探検
		🍃 生　活	💡 算　数
4 時間目		学校探検 ➡ p.76	数の学習
5 時間目			

4日目	**5**日目
💡 **国　語**	💡 **体　育**
	みんなで遊ぼう
よろしくね	💡 **図工・算数**
➡ p.80	わたしのこと 教えるね
🌿 **生活・国語**	➡ p.86
学校探検	
➡ p.82	

入学して1週間が過ぎると，多くの子どもは安心して学校生活を送ることができるようになってきます。すると，自分たちの教室のある階にはどんな場所があるのか気になったり，他の階や校舎の外も探検してみたいという思いが生まれたりするなど，興味・関心が自分を中心に周囲へと広がっていきます。

その思いを生かし，学校探検の行き先を少しずつ広げたり，国語の授業でクラスの友達と行った名刺交換を学校で働く様々な人とするようにしたりして，安心して行ける場所や関わることのできる人を増やしていくとよいでしょう。

授業の中では，友達との関わりがたくさん生まれるような活動を，引き続き十分に取り入れていくことが大切です。

1

🌱 生活……学校探検

きゅうしょくのはてな

（4時間目／全15時間）

本時のねらい

給食について心配なことや疑問に思ったことについて出し合い，安心して給食の時間を迎える。

これまでの子どもの姿

◆保育園や認定こども園等では，給食を経験している子どももいる。一方，幼稚園では，お弁当を経験している子どもが多い。「嫌いなものが出たらどうしよう。」「残していいのかな。」など，子どもたちは給食についての，疑問や不安をもっている。実際に，給食について心配なことや疑問に思ったことを出し合うことで，子どもたちは安心して給食の時間を迎えることができる。

◆特に，アレルギーの子どもたちは，給食に不安を抱えていることも少なくない。クラスの子どもたちにアレルギーのことを伝えることで，みんなが安心して給食の時間を迎えることができる。

活動のながれ ●：子どもの姿 □：教師の支援

給食への心配や疑問を出し合う　　　　　　　　10min

- 幼稚園では，お弁当だったよ。給食ってなあに。
- うちの保育園は，給食だったよ。お当番があって，エプロンで配り屋さんやっていたよ。

- 嫌いな物が出たら，残してもいいのかな。
- 私は，ごはん食べるのが遅いから心配です。
- 僕も，たくさん食べられないから心配な

> 子どもたちの思いに共感し，思いを引き出す。

> 今までの園の経験を思い出せるように問いかける。

んだ。
- おかわりってできるのかな。
- 給食ってどこでつくっているのかな。

給食のはてなについて，みんなで解決する　10min

- 嫌いなものが出たら，一口だけ食べればいいと思う。保育園のときはそうしてたから。
- 「いただきます」したら，減らしてたよ。

> 友達の不安を一緒に解決していこうとする子どもを取り上げ，みんなで解決するよさを広げる。

- 「給食時計」だと，長い針が10までに食べるんだね。
- 頑張って食べたんなら，残してもいいと思う。

> 準備・会食・後片付けの時間がひと目で分かる「給食時計」を提示する。資料を提示し，実際に今週の当番が白衣を着て，気付いたことを出し合う。

- 保育園ではエプロンだったけど，学校では，白衣なんだね。着てみたいな。
- 帽子の中に髪の毛を入れるよ。そうしないとおかずに髪の毛が入ったら汚いもの。

> 白衣の意味について，子どもから出ない場合は，教師から投げかける。

- 白衣をたたむときは，机の上でたたむか，「空中だたみ」じゃなきゃいけないんだね。
- 床の上だと，汚くなっちゃうものね。

- なんかいい匂いがしてきたよ。どこでつくっているか，確かめにいきたいな。

> 匂いに気付くように，本時の時間の設定を工夫する。

実際に給食室に行き，給食について知る　15min

- 大きなお鍋でつくっているね。
- つくっているのは先生かな。
- 保育園では，調理員さんがつくっていたから，多分調理員さんだと思うよ。

> 今までの園の経験を思い出せるように問いかける。

- こんにちは。「1年○組の○○です。先生ですか。」
- 栄養士の先生は，佐々木先生っていうんだね。
- 長靴を履いているね。うちのお母さんと違うな。

- エプロンしているところは，似ているけど，お母さんはマスクしていないね。
- 保育園の調理員さんは，マスクしてたよ。たくさんの子どものごはんをつくるからじゃないかな。
- 唾が入るとお腹いたくなっちゃうからじゃないかな。佐々木先生にきいてみよう。

国語と関連させて指導する。
栄養士の先生に，探検する時間帯を知らせ，給食室の外に出ていてもらえるようにする。

考えたことや予想したことを褒めたり認めたりしながら，自信をもって探検できるようにする。

給食室の扉の外から探検することを伝えておく。

給食室探検の振り返りをする

- すごく大きいお鍋で給食をつくっていました。

> 二人組でうでを広げて鍋の大きさを表現するなど，体で表現している子どもを価値付ける。

- お母さんが使っているへらよりもすごく長くて大きいへらでかき回していました。
- 栄養士の佐々木先生にきいたら，やっぱり唾が入らないようにマスクをしているって。

> 家庭と比べている子どもの発言を価値付ける。

- なんで長靴を履いているか，今度きいてみたいな。
- 給食室の探検，また，行きたいな。

- いい匂い，お腹すいてきた。早く，給食の時間にならないかな。

> 給食室にさらに探検に行きたいという思いにつなげられるようにする。

松村先生直伝！ 指導のポイント

◆給食に対して不安を抱いている子どもは，教師が思っている以上に多いものです。小学校の給食の仕方を一方的に教え込むのではなく，子どもの不安や心配事を出し合い，そこからつなげていくことで，納得しながら小学校のやり方を理解していくことができそうです。

◆実際に給食室に行ったり，栄養士と出会って話をしたりすることで，給食が楽しみになり，早く食べてみたいという気持ちが湧いてきます。1年生が安心して給食の時間を迎えられるように，事前に栄養士と連携をとっておきましょう。

◆入学前に，給食の配膳などをしたことがあったり，逆に毎日お弁当を持参したりしているなどの子どもの経験の多様性は，話し合いを充実させるチャンスです。異なる経験をしてきているからこそ，友達の話を聞く必然性が生まれます。

第1週

第2週

第3週

第4週

2

💡 図工……大きな紙で遊ぼう

おおきなかみでわっくわく

（1・2時間目／全2時間）

本時のねらい

あそびタイムで出合った大きな紙の特徴を味わい，思いついたことをもとに何度も試しながら，友達と作品を見せ合い，一緒につくりながら楽しむ。

これまでの子どもの姿

◆折り紙で飛行機を折って，飛ばしっこをする，ちらしの紙をくるくる巻いて，剣をつくり，戦いごっこを楽しむ。新聞紙を使ってドレスをつくるなど，子どもたちは，園の生活の中で，紙を使って遊ぶ経験をしてきている。

◆折り紙を使って遊んだことはあっても，大きい紙で遊んだことがない子どももいる。あそびタイムの初日は，普通の大きさの折り紙を用意する。2日目には，少し大きい折り紙を，3日目には，画用紙を，4日目には，ちらしや新聞紙を，というようにあそびコーナーに用意しておく紙の大きさを徐々に大きくしていき，わくわく感を高める。

活動のながれ ●：子どもの姿 ☐：教師の支援

新聞紙やちらしで遊んだ子を紹介し，活動のきっかけをつかむ　**15**min

● ○○くんのつくった剣，かっこいいね。
● 私もつくりたいな。
● 新聞紙で，マントをつくったんだ。
● 僕もつくりたいな。

> あそびタイムに，新聞紙やちらしで遊んでいた子どもを取り上げ，大きな紙でもっと遊びたいなという思いが膨らむようにする。

想像を膨らませて，大きな紙で自分で考えたものをつくる　**45**min

● 僕は，狩人になるよ。
● 私は，お姫様のドレスをつくろうかな。
　白い紙を使ったら，花嫁さんになれそう。
● やぶったら，びりびり音がするね。

> ケント紙の端は鋭く，指を切りやすいので，実際にみんなで，紙の4辺を手でにぎって危なくないようにしてから，つくるようにする。

- 私は，まるめたいな。
- たこになったよ。
- 望遠鏡になったよ。

> 障子紙も用意し，ケント紙との紙質や手触りの違いを楽しみながらつくれるようにしたい。

> 苦手意識がある子どももいるので，つくったものについては「上手だね。」という言葉は使わず「狩人だ！狩りをして，どんなものをつかまえるのかな。」というようなほめ方をするとよい。
> 早く終わった子どもには，何個もつくってよいことを知らせる。

第1週　第2週

できた作品を見せ合い，遊びを楽しむ　**30**min

- 狩人が鉄砲をもって構えているところです。かっこいいでしょ。
- 本当にかっこいいね。
- 私は，お姫様になりました。長いケープが自慢です。
- すごく似合ってるね。
- 花束もつくったんだ。
- 僕は，大きなたこをつくりました。
- びりびりやぶったんだね。

> 前に立って，自分のつくったものを紹介できるようにする。
> 教師は，作品の写真を撮っておく。

> 10分前になったら，音楽を流し，流し終わるまでに片付けをするよう伝えるとよい。

第3週　第4週

松村先生直伝！　**指導のポイント**

◆絵を描いたり工作をしたりすることに苦手意識をもつ子どもでも，夢中になれそうな活動です。上手にできるかどうかよりも，一人ひとりが自分のイメージに合ったことを表現できているかを見取り，それに合った声かけをするとよいでしょう。

◆あそびタイムのときに布石を打っておくことで「もっとやってみたい！」という思いが生まれ，この活動にスムーズに入ることができます。弾力的に時間割を設定し，2時間続きでたっぷりと活動できる時間を保障すると，活動が充実するはずです。

3

💡 体育……みんなで遊ぼう

ひろいこうていでいっぱいうんどうしよう

（1時間目／全6時間）

本時のねらい

関わり合いながら行う手軽な運動や固定施設を使った運動遊びをして，いろいろな動きに親しむ。

これまでの子どもの姿

◆園などでの遊びの中で，自分の体を動かすことを楽しんだり，できるようなりたいと自分なりの目標を立てて，繰り返し挑戦し，やり遂げる達成感を味わったりしてきている。

◆ルールのある遊びを楽しんだり，ルールを工夫したり，競ったり協力したりして，友達と一緒に楽しく遊ぶことを経験してきている。

活動のながれ ●：子どもの姿 ▢：教師の支援

遊びながら，運動に向かうための準備をする　　15min

- 体でじゃんけんをして，勝ったら走って，負けたら好きな動物になりきってジャングルジムまで行くんだって！
- ようし，負けないぞ！
- 「集合！」って先生が言ったら，忍者になって集まるんだよ。しっかりと聞いていないと……。

> 体でのじゃんけんやなりきっての動き，集合のゲームなどを通して，準備運動（遊び）や集団行動を楽しくできるようにする。

幼児期に親しんできた遊びや活動を楽しむ　　15min

- 「だるまさんがころんだ」をやろうよ！
- 次は，鬼ごっこをやりたいな！
- 鬼ごっこって，いろいろあるよね。
- 久しぶりにバナナ鬼がやりたいな。
- バナナ鬼ってどんな遊び？　私が通っていた幼稚園ではやったことがなかったよ。

> 経験したことのある遊びや活動をすることで，安心して運動できるようにする。園によって経験してきた遊びや活動が異なる場合には，ルールを話し合う活動などを適宜行う。

- それなら僕が教えてあげるよ。
- 初めてのルールの鬼ごっこ，楽しそう！

> 教師も子どもと一緒に遊びを楽しむとよい。

第1週

固定施設を使って，いろいろな動きをして遊ぶ　　15min

- 鉄棒で前回りができるよ。
- こんなに大きなジャングルジム，保育園にはなかったから楽しみだな！
- ジャングルジムで逆さになれるよ。
- すごいなあ！　やってみたい！
- 雲梯は，順番と方向を守ってやらないとね。
- 親指を下にして握るって，幼稚園の先生が教えてくれたから，今でも気を付けているよ。
- みんなで遊ぶと楽しいね！

> 楽しい遊び方やルール，きまりなどを出し合い，特に安全面の注意事項は確実に理解できるようにする。苦手意識をもつ子どもには，教師が一緒に遊んだり，友達同士で遊べるように声をかけたりする。

> いろいろな動きをしている子どもをほめたり紹介したりする。

第2週

第3週

寳来先生直伝！　指導のポイント

◆それぞれの園でやっていた遊び方を出し合って，みんなで遊ぶことで「自分を出していいんだな。」という安心感が生まれます。

◆「幼児期の終わりまでに育ってほしい姿」の「道徳性・規範意識の芽生え」に「きまりをつくったり，守ったりするようになる。」とあります。小学校に入学すると，きまりは，守らなければならないと考えがちです。

　「今日は，○○ちゃんの園でやっていたルールで遊ぼうよ。」

　「明日は，僕の園のルールでやってみて。」

と試していくなかで，１年○組のルールを自分たちでつくるのも楽しいかもしれませんね。

第4週

4

💡 算数……数の学習

10までのかず

（2モジュール）

本時のねらい

1と2の数字の読み方や書き方，意味を知る。

これまでの子どもの姿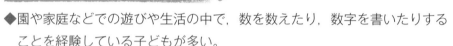

◆園や家庭などでの遊びや生活の中で，数を数えたり，数字を書いたりすることを経験している子どもが多い。

◆数字を書ける子は多いが，正しい書き順が分かっていない子どももいる。

活動のながれ ●：子どもの姿 ☐：教師の支援

今日の数字1を書き，教室の中で1を探す　15min

教師「今日は，1だね。」

●「いち」って読むね。

●「1つ」と書くと「ひとつ」って読むね。

> 今日の数字の読み方，書き順を確認する。

●丁寧に書こう。

> 特に，書き順については，自己流で書いている子どもが多いので，クイズ形式にするなどして，ここでしっかり確認するとよい。

●先生の机が1つあります。

●花瓶が1つあります。

●赤鉛筆が1本。

●消しゴムが1個です。

●教科書の1年っていう字を見付けました。

今日の数字2を書き，教室の中で2を探す　　　　15min

教師「次は，2だね。」
- 「に」って読むね。
- 「2つ」と書くと「ふたつ」って読むね。
- あひるの首みたいにカーブするね。

> 今日の数字の読み方，書き順を確認する。

- 丁寧に書こう。

> 特に，書き順については，自己流で書いている子どもが多いので，クイズ形式にするなどして，ここでしっかり確認するとよい。

- 黒板消しが2つあります。
- 机が2つずつ並んでいます。
- 窓ガラスが2まいずつあります。

- うわばきが2つあります。
- それは，2つっていわないで，一足っていうよ。
- なるほど，2つないと役に立たないものね。

- あっ，お箸もそうだよ。
- お箸は，なんて数えるのかな。
- お箸は，1膳と数えるよ。

> 1膳や1足など，2つで1まとまりと考えるものがあることをここで取り上げるとよい。

第1週

第2週

第3週

第4週

松村先生直伝！　指導のポイント

◆「あひるの首みたい」のように，何かに見立てて数字の形を捉えるなどすると，理解が確かになるだけでなく，記憶にも残りやすくなります。

◆単に「1」「2」を読んだり書いたりするだけでなく，いろいろなものの助数詞を知ったり，そのときに数字の読み方がどう変わるかを考えたりすることで，数字への興味が高まっていきます。

5

🌱 生活……学校探検

がっこうを　たんけんしよう

（5時間目※60分／全15時間）

本時のねらい

学校を探検したり，気付いたことを表現したりして，学校の施設の様子や学校生活を支えている人々などについて考えようとする。

これまでの子どもの姿

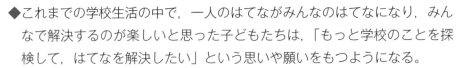

◆これまでの学校生活の中で，一人のはてながみんなのはてなになり，みんなで解決するのが楽しいと思った子どもたちは，「もっと学校のことを探検して，はてなを解決したい」という思いや願いをもつようになる。

◆前回の学校探検では，自分の教室から少しずつ探検の範囲を広げていった。活動の時間も最初は，短時間にし，徐々に時間を長くしていくとよい。

活動のながれ ●：子どもの姿　□：教師の支援

今日の探検で行きたいところを出し合う　　10min

●今日は，先生のお部屋に鍵があるか探検に行きたいです。

●私も，一緒に行ってみたいです。

●鍵が見付かったら，○○ちゃんみたいに理科室の中に入ってみたいです。

●保健の先生の所に行って，自己紹介したいです。ほかのはてなも見付けたいです。

●ぼくは，校長先生のお部屋に行って，お茶セットのはてなを解決したいです。

●探検の歌を歌おう。

> 子どもたちの思いに共感し，意欲を引き出す。

> 探検する場所が決められない子どもたちのヒントにするために，前回の探検の写真や絵を見ながら，確認する。

♪探検の歌の例(「グーチョキパーでなにつくろう」のメロディにのせて)♪

> なかよく　なかよく
> 気を付けよう　気を付けよう
> 時計をみよう　はなしをきこう
> しずかに行こう

学校探検の約束の歌を歌って，約束を確認できるようにする。

学校を探検し，気付いたことを表現し，伝え合う　　35min

- 「失礼します。１年１組の○○です。理科室の鍵を貸してください。」って言ったら，「学校探検かな。先生と一緒に行こう。」って言ってくれました。その先生は，浅田先生っていう先生でした。
- すごく優しい先生でした。

探検に行く前に，探検から戻ってきた子どもたちから，絵や文で表現することを伝えておく。

探検での発見やはてなを共感的に受け止め，友達に伝えたいという意欲を高めるようにする。

- 理科室の中に入りました。
  いろいろな実験の道具がありました。
- １年１組の教室には，水道がないのに，理科室にはありました。なんでかなと思いました。
- 多分，実験のときに，水を使うんじゃないかな。

書きたいことに合わせてサイズを選べるように大きさの違う画用紙を用意する。

- 保健室の山田先生に自己紹介しました。山田先生は，イチゴが好きって言っていて私と同じだと思いました。

- 校長先生のお部屋のお茶セットを見に行きました。本当に10個ありました。
- 校長先生にきいてみたら，やっぱり，学校にくるお客さんのためにあると言っていました。
- 校長先生のお部屋には，ソファがありました。座らせてもらいました。ふかふか

絵を描いて，その近くに気付いたことを書く方法もあることを教える。

でした。保育園にはなかったから，びっくりしました。

- 校長先生のお部屋には，人の写真がたくさん飾ってありました。多分，昔の先生の写真じゃないかと思います。

> 園と学校との違いについての子どもの発言を価値付ける。

- 保健室の近くから，音が聞こえてきたら，なにかなと思ったら，椅子を直していました。大工さんみたいでかっこよかったです。
- 誰がいたんですか。
- 大工さんみたいな人は，杉山さんっていうお名前でした。握手してもらいました。
- 今度，私も行きたいな。

> 音で気付けるように，「○時間目に学校探検をするので，音の出る作業をしてもらえませんか。」と用務員に依頼しておく。

- 今度は，遅れないで戻ってこれました。
- 今日は，静かに探検できたよ

> 時間の約束を守れたことを価値付ける。

学校探検の振り返りをして，次に行きたいところを決める　**15**min

● もう一度理科室に行ってみたいな。

● 今日は，１階を探検したから，次は２階にも行ってみたいね。

● 杉山さんのお部屋にぼくも行ってみたいな。

> 学校の地図を手がかりにすることも考えられる。

> できたことをほめたり認めたりしながら，次回も自信をもって探検できるようにする。

> 全教職員に学校探検の意図を伝えておく。

> **松村先生直伝！**　指導の**ポイント**

◆一人ひとりの「はてな」を大切にし，それを解決するために行きたい場所に行ける機会や時間を保障したり，分かったことなどをクラスの友達に共感的に聞いてもらったりすることで，次の「はてな」を見付け，その解決に向けた意欲をさらに高めていくはずです。

◆園と学校，自分たちの教室とその他の教室，自分と出会った先生たちの好きなものなど，「比べる」という思考を働かせて考える場面がたくさんあります。比べながら共通点や相違点を見付ける楽しさを何度も味わったり，それを教師が意図的に価値づけたりすることによって，「比べると面白い発見ができる！」と子どもも気付いていきます。

◆全教職員に学校探検のねらいを説明し，協力を仰ぐことが大切です。子どもが興味をもちそうな出来事や教師として気付いてほしいと願うことなどは，用務員さんに音の出る作業をお願いするなどの工夫が必要です。学校には，自分たちの生活を支えてくれるたくさんの人がいると気付き，感謝の気持ちをもちながら楽しい学校生活を送れるようになるといいですね。

6

💡 国語……よろしくね

めいしをつくってこうかんしよう

（1・2時間目／全2時間）

本時のねらい

　名刺カードをつくったり交換したりする活動を通して，自分の名前などを丁寧に書いたり，友達に知ってもらいたいことを考えたりする。

これまでの子どもの姿

◆友達や大人など身近な人々の言葉や話に興味をもち，親しみをもって話したり聞いたり，言葉で伝え合う楽しさを味わったりしている。

◆文字への関心をもち，遊びや生活の中でひらがなを読んだり，真似をして書いたりしている。

活動のながれ ●：子どもの姿　□：教師の支援

教科書を見て，書くときの姿勢や鉛筆の持ち方を知る　**10**min

●教科書の写真を見て，真似してみよう！
●背中を伸ばして，足をつけて……。
●鉛筆の持ち方，これで合っているかな？

> ペアで確認する活動を入れると，友達とのやりとりを増やすことができる。

学年・組・自分の名前を練習する　**10**min

●字を書く練習，楽しみだな！
●丁寧に書けるように頑張るぞ。
●机に貼ってある名札をお手本にするといいね。

> 正しさよりも意欲を大切にし，わくわくしながら練習できるようにする。

名刺カードに自分の名前や知ってもらいたいことを書く　**30**min

●練習したから上手に書けそうだよ。
●名前の横には，何を描こうかな。
●私は，好きな食べ物の絵を描くよ！
●僕は，自分の似顔絵を描いてみる！

> 知ってもらいたいことを出し合い，そこから選ぶようにすると，一人ひとりのよさや特徴を引き出すことができる。

名刺カードの交換方法を話し合って決める　　15min

- まず，挨拶をしたらどうかな。はじめまして，とか，よろしくね，とか。
- そうしたら，自分の名前と絵に描いたことを言うとよさそうだね。
- 最後に握手をしたら，もっと仲良くなれそう！

> 話型や手順は，教師が示すのではなく，子どもとのやりとりを通して決める。決まったことを黒板などに書いておき，次の活動で参考にできるようにする。

自己紹介をしながら，名刺カードを交換する　　20min

- ねえねえ，一緒にやろうよ。
- 私は同じ幼稚園だった友達がこのクラスにいないから，友達になってね！

> 自分から声をかけられない子どもには，声のかけ方を教えたり，一緒に取り組んだりする。

名刺カードを交換した感想を発表し合う　　5min

- 名刺がいっぱいで，友達もいっぱいです。
- 初めての友達と名刺交換できて楽しかったです。
- もっといろいろな人と名刺交換したいな。

> 授業が終わったあとも続けられるように，白紙の名刺カードを教室に準備しておく。

實來先生直伝！　指導のポイント

◆クラスに同じ園から入学した子どもがいない。そんな子どもにとって，この自己紹介は，友達をつくるチャンスです。名刺カードは，新しくできた友達の人数を可視化することができるので，家庭に持ち帰って話もでき，保護者の安心感にもつながりますね。

◆子どもの発達の特性を踏まえて，集中力や意欲を持続させるために，15分間の短時間学習を6回で構成することも考えられます。また，図画工作の「すきなもの　いろいろ」との合科的・関連的な指導として構成することも可能ですね。

第1週
第2週
第3週
第4週

7

 生活・国語……学校探検

めいしをわたしてなかよくなろう

（7時間目／全15時間）

本時のねらい

学校生活を支えている人々と仲良くなるために，国語の授業でつくった名刺カードを渡す方法を考えたり，実際に名刺カードを渡しながらそのやりとりを楽しんだりする。

これまでの子どもの姿

◆学校探検を繰り返し行いながら，学校の施設の様子が分かったり，学校生活を支えている人々がいることに気付いたりしている。

◆国語の授業での名刺カードの作成や交換を通して，名刺カードが仲良くなるきっかけになり，その交換をしながらやりとりをすることは楽しいということを実感している。

活動のながれ ● : 子どもの姿 ☐ : 教師の支援

名刺カードを使って仲良くなる方法を考える　　　5 min

- いいこと考えた！　さっきつくった名刺カード，学校探検でも使うといいと思うんだけど。
- 学校の中で仕事をしてくれている人に渡して，仲良くなりたいね。

- 私は用務員さんに渡したいな。
- 僕は校長先生に渡しに行きたい！

- 名刺カードに，1年1組っていうことも書いた方がいいと思うよ。
- そうだね。友達に渡す名刺カードとはちょっと変えた方がいいかもしれないね。

> 名刺カードを学校探検でも使いたいという子どものつぶやきやひらめきをきっかけにしたり，子どもの意欲が高まるように教師から工夫して提案したりして，自然にこの活動に入ることができるようにする。

> 名刺カードは，相手によって内容を変えた方がよいことに気付くことができるように，子どもから出てこないときには，「名刺カードは同じでいいのかな？」などと問いかける。

名刺カードに自分の名前や知ってもらいたいことを書く　　　　　　　　15min

- 1年1組っていうのは，絶対に入れた方がいいよね。

- 用務員さんに渡したいから，用務員さんの似顔絵も描こうかな。

- 栄養士さんへの名刺カードには，好きな食べ物の絵を描くよ。もしかしたら，給食のメニューに入れてくれるかもしれないし。

> 相手意識を明確にもちながら考えている子どものつぶやきや，書いていることをクラス全体に広げる声かけをする。

名刺カードの交換方法を話し合って決める　　　　　　　　　　　　　　　5 min

- 国語のときと同じように言えばいいよね。
- 全部同じでいいのかな？
- 友達と交換したときは，「よろしくね。」って言っていたけど，「よろしくお願いします。」って言った方がいいんじゃないかな。
- そういうのを，丁寧な言い方っていうよね。

> 相手によって，名刺カードだけではなく話し方も変えることを確認する。

> 決まった話型だけではなく，いろいろな考えを認め，選択肢として板書するなどし，自分の思いや願いに合わせて話すことを選ぶことができるようにする。

- もし，忙しそうだったらどうする？
- 「今，いいですか？」って聞いてみたら？

> こんなときにはどうすればよいか，などの心配なことを出し合い，解決方法をみんなで考えておくと，安心して活動に取り組むことができる。

- なんで名刺カードを渡しにきたのかを言ったら，喜んでくれると思うよ。
- そうだね。「用務員さんがいろいろなものを直しているところがかっこよかったから，仲良くなりたくて来ました。」って言ってみようかな。
- 終わったら，「ありがとうございます。」ってお礼を言おうね。

自己紹介をしながら，名刺カードを渡す　　　　　**15**min

- 友達に渡すときもドキドキしたけど，大人の人に渡すのはもっとドキドキするな。
- ちょっと心配だから，一緒に行こうよ。
- 私は一人で挑戦してみるよ。

- すみません，今，いいですか。僕は，1年1組の〇〇です。校長先生と仲良くなりたくて，名刺カードを渡しに来ました。今度，校長室に遊びにいってもいいですか？

- こんにちは，今，いいですか。……分かりました。ここでちょっと待っています。
- 保健室の先生は，すごく忙しそうだね。具合の悪い人がいっぱいいるよ。

- 約束の時間になっちゃいそうだから，今日はやめておいて，今度休み時間にまた来ようかな。

> 特別な支援が必要な子どもや不安がっている子どもと一緒に行動し，励ましたり必要に応じて支援したりする。

> 校内の教職員には事前に連絡をして協力を求め，関わり方の例などを示しておく。
> （忙しいときにはちょっと待っているように伝える，話し方などを適切に指導する，など。）

名刺カードを渡した感想を発表し合う　　　　　**5**min

- みんなで考えた言葉を使って言えたよ。

- 校長先生がすごく優しかった。今度，校長室に遊びに行ってもいいって言っていたよ。
- 本当に？　みんなで校長室探検に行きたいね。
- 私も校長先生に名刺カードを渡したいな。

- 今度から，学校探検に行くときには名刺カードを持っていこうよ。
- それ，いいね！

- 用務員さんが忙しそうだったから，今，

> みんなで考えたことがどのように役に立ったか，名刺カードを渡すときにどのようなことを考えたのか，臨機応変に工夫したことはあったかなどを出し合い，話型を正しく言うことよりも，その場で考えながら話すことの大切さや楽しさを理解できるようにする。

いいですかって聞いたら，ちょっと待っていてねって言われて，廊下で待っていたよ。

● 保健室の先生も忙しそうで，声もかけられなかったから，今度にすることにしました。

● 休み時間も，自分で行ってもいいかな？
● 名刺カードで仲良し大作戦，もっともっと続けたいな。

この時間の経験を生かして，今後も名刺カードを使っていくことへの意欲を高める。

寶來先生直伝！ 指導の**ポイント**

◆なかなか自分から話ができない子どもにとって，名刺が仲立ちとなり，コミュニケーションを取ることが可能になります。クラスの子どもたち同士で十分に活動を行うことが自信を生み，クラス以外の人とも関わりをもちたいという活動への意欲につながると思います。

◆教職員には，事前に活動の意図を伝えておき，名刺カードを配っておきます。写真入りの名刺カードにしたり，似顔絵のスタンプが入った名刺カードにしたり，なぞなぞが好きな教職員は，裏面になぞなぞが印刷された名刺カードにするなど，学校の実態に応じて工夫してみてください。私は，消しゴムハンコでつくってもらったらっこの絵と「らっこせんせい」の文字が入った名刺カードにしています。

第1週

第2週

第3週

第4週

8

💡 図工・算数……わたしのこと教えるね

じこしょうかいカードをつくろう

（1・2時間目／全2時間）

本時のねらい

自分の顔や好きな物，名前，誕生日を書いたカードをつくり，自己紹介することで，自分のことを分かってもらう。また，同じ生まれ月の友達を探す活動を通して，数比べや長さ比べの素地を培う。

これまでの子どもの姿

◆子どもたちは，園の生活の中で，自分の顔や好きな物を描く経験をしてきている。友達になるために，相手のことを知りたいと思うと同時に，自分のことを知ってほしいとも考えている。

◆「もうすぐ，6歳になるんだ。」「私は，何月生まれでしょうか。」など，園では，誕生日をとても大切にし，誕生会を通して，自分の誕生日だけでなく，クラスの友達の誕生日も覚えている子も多い。友達の誕生日を知り，自分と同じ生まれ月の子を知ることは，仲良しになるためには欠かせない。

活動のながれ ●：子どもの姿　□：教師の支援

自己紹介カードの作り方を知る　　　　　　　**15**min

- 手をパーにしたくらい大きく顔を描こうね。
- 周りにお誕生日と好きな物を描くよ。
- 私は，うさぎが好きなんだ。
- 僕は，恐竜を描くよ。

> 顔は，大きく描くように声をかける。

> 自分の誕生日を知らない子どものために，予め，誕生日を確認しておく

自己紹介カードをつくる　　　　　　　　　**45**min

- 名前は，丁寧に書くよ。
- 最後に目や髪の毛を描くといいんだね。
- 私は8月5日生まれなんだ。
- うさぎを描いたよ。
- ジャンプしているうさぎ，かわいいね。

> 淡い色から塗っていくとよいことを知らせる。

> 早く終わった子が好きなものを描けるよう小さな画用紙を用意しておく。

> 5分前になったら，音楽を流し，流しおわるまでに片付けをするよう伝えるとよい。

同じ生まれ月の友達を探し，何月生まれが一番多いか確かめる　**30**min

- 「僕の名前は，○○です。好きな物は，恐竜です。誕生日は8月20日です。よろしくお願いします。」

- 8月生まれの人，いますか。
- はい！　僕は，8月20日生まれなんだ。
- 私は，8月5日生まれだから，お姉さんだね。私の次につなげよう。
- 8月生まれは，2人だったよ。
- みんなで数えてみよう。
- 1年1組は，7月生まれが一番多いね。

> 最初の5分間は，音楽に合わせて歩き，音楽が止まったところでカードを見せながら自己紹介ゲームをするよう知らせる。

> 次は，何月生まれが多いかなゲームをすることを知らせる。
> ツーダンクリップを用意し，誕生日順につなげられるよう声をかける。

> 活動が終わったら，お誕生日調べとして，掲示するとよい。

松村先生直伝！　**指導のポイント**

◆スタートカリキュラムの時期は，どのような活動でも友達と関わり合い，新たな人間関係をつくることができるような要素を入れることが求められます。自分の顔や好きなものを描きつつ，そのカードを使って自己紹介をしたり，同じ月に生まれた友達を見付けたりすることで，自然と新しい友達ができていきます。

◆何月生まれが一番多いかを考える活動は，子どもにとってはとても興味深いもの。それに夢中になることを通して，自然に数を数えたり，つなげたカードの長さを比べたりし，算数の学習につながっていきます。

◆掲示するための掲示物をつくることも大切ですが，この事例のように，実際の活動で十分に活用し，それを掲示物としても利用することで，子どもにとっても親しみのある大事な掲示物になっていきます。

第3週目の週案例

	1日目	**2**日目	**3**日目
	☆ 朝の遊び		
1 時間目	♡ 安心をつくる時間 1年生を 迎える会	♡ 安心をつくる時間 なかよしタイムの取組 ①あいさつ　②元気かな ③歌ってスキンシップ　④読み聞かせ➡ p.90	
2 時間目	💡 道　徳 ようこそ 1年生 ➡ p.92	🌿 生　活 学校探検 ➡ p.98	💡 図　工 粘土で遊ぼう
3 時間目	💡 国　語 言葉を 見付けよう ➡ p.94	💡 体　育 みんなで遊ぼう	➡ p.104
4 時間目	💡 国語・算数 ひらがな・数の学習 ➡ p.96		
5 時間目		💡 学級活動 仕事見付けを しよう ➡ p.102	

| ☆ あそびタイム | ♥ なかよしタイム | 🍃 わくわくタイム | 💡 ぐんぐんタイム |

4日目	**5**日目
	♥ 安心をつくる時間　💡 国語
	なかよしタイムの取組（①〜④）・⑤お話しよう
🍃 **生　活**	💡 **体　育**
学校探検	**みんなで遊ぼう**
→ p.106	
💡 **国　語**	💡 **国　語**
言葉を見付けよう	言葉をつくろう
	💡 **音　楽**
	歌を歌おう・名前遊び
	→ p.110

安心感の下で自己発揮しながら，友達と楽しく関わることができるようになり，そのことによって学びもより豊かになっていく時期です。国語のひらがなや算数の数字の学習など，帯で繰り返し取り組んでいるものは，子どもも見通しをもつようになるので，短い時間をうまく組み合わせ，リズムよく進めていくと，子どもも集中して学習できます。一方で，図工のようにじっくりと取り組みたいものはたっぷりと時間を確保したり，学校探検から各教科の学習につなげ，ゆとりある時間の中で合科的・関連的に学習したりすることも大切です。

また，自分自身の学校生活ということからクラスみんなでの学校生活というところにも目が向いてくる頃でもあるので，係や当番の活動にも関心を高めていくとよいでしょう。

1

♡ 安心をつくる時間……なかよしタイムの取組

なかよしタイムで　もっとなかよく

（2モジュール）

本時のねらい

一人ひとりが安心感をもち，担任や友達に慣れ，新しい人間関係を築く。

これまでの子どもの姿

◆入学して2週間が経ち，子どもたちは，クラスの友達の名前も覚え，関係性も深まってきた頃と言える。元気調べや歌なども少し進化させていくと子どもたちも新たな気持ちで朝を迎えることができる。

◆読み聞かせは，シリーズものにしてみたり，少し長い物語でも何日かに分けて読んだりすることで，続きを楽しみにする子どもも出てくる。

活動のながれ ● :子どもの姿　☐:教師の支援

あいさつから，なかよしタイムを始める　　5min

- おはようございます。
- おはようございます。
- 今日は，○月○日○曜日です。
- 今日の当番は，○○と□□です。
  よろしくお願いします。

> 朝の会から1時間目を連続した時間として設定し，幼児期に親しんできた手遊びや歌，リズムにのって体を動かすことや絵本の読み聞かせなどを行う。初めのうちは，教師が音頭をとるが，だんだん当番や日直を決めて司会ができるようにする。

元気調べをして，今日のクラスの仲間の健康状態を知る　　5min

- ○○さん。　　　　手拍子(パン　パン)
- 元気です。　　　　手拍子(パン　パン)
- ●●さん。　　　　手拍子(パン　パン)
- 探検が楽しみです。手拍子(パン　パン)
- ▽▽さん。　　　　手拍子(パン　パン)

> 友達同士，名前を呼び合うことで集団の一員としての所属意識をもてるようにする。
> リズムにのって名前を呼び合うことで，メリハリのある活動にする。

- お休みです。　　　　手拍子(パン　パン)
- お大事に。　　　　　手拍子(パン　パン)

- 今日は，一人お休みだね。

> 友達の健康状態や楽しみにしている
> こと，お休みの子どもの情報などを
> 聞くことにより，友達との関係をつ
> なげていけるようにする。

第1週

歌ったり，スキンシップを取り入れたゲームをしたりする　　10min

- 今日は，パプリカの歌と踊りで楽しく踊るよ。
- 保育園のとき，踊ったことある。
- 前に出て踊りたいな。

> 園で歌ったことのある歌や踊ったこ
> とのある踊りなどを取り入れるとよ
> い。最初に動作だけやってみて，そ
> の後，歌に合わせるようにする。
> 決めポーズの「パプリカ」のところ
> だけをみんなで練習してから始める
> と一体感が出る。
> 完璧に覚えてからでないと踊らない
> 子どももいるので，焦らせずに見守
> っていくとよい。

第2週

読み聞かせを楽しむ　　10min

- 今日の絵本は，『あいさつばんちょう』だね。
- どんなばんちょうだろう。

> 本の絵が見える場所に座れるように
> する。
> 読んだ後，教師が心に残った場面を
> 聞く活動も考えられる。

第3週

松村先生直伝！　指導のポイント

◆スタートカリキュラム後半でのなかよしタイムは，活動内容を精査し，短
　時間の中で安心感をもったり友達関係を築いたりできるようにすることが
　大切です。

◆知っている歌や踊りを取り上げ，意欲を高めるとともに，そこで声を出し
　たり，体を動かしたり，友達と触れ合ったりすることによって安心感を生
　み出し，一日の学校生活を頑張ろうと思えるようにしていきましょう。

◆読み聞かせの本も，単に知っている本を読むだけではなく，今後の読書活
　動に興味をもてるようにシリーズものを選んだり，学校生活につながって
　いくものを読んだりするとよいでしょう。

第4週

2

💡 道徳……ようこそ1年生

がっこうでたのしみなことはなあに？

（1時間目／全1時間）

本時のねらい

学校生活を支えている人々や友達に親しみをもち，学校生活を楽しもうとする心情を育てる。

これまでの子どもの姿

◆学校生活を楽しみにして入学して，約2週間の学校生活の中で，いろいろな人と関わりながら学び，充実感を味わっている。

◆道徳という教科の学習へのイメージがあまりない。

活動のながれ ●：子どもの姿　□：教師の支援

教科書を見て，道徳の授業に対するイメージを出し合う	**5**min

● 絵やお話がたくさん載っていて面白そう。

● 心の勉強をするって書いてあるよ。

> 道徳の授業への期待感を引き出す。

卒園間近はどのような気持ちだったのかを話し合う	**10**min

● 家でランドセルを背負ったり，保育園で学校ごっこをしたり，楽しみだった。

● ドキドキもしていたけどわくわくしていたよ，早く学校に行きたかった！

> 素直な気持ちを発言することができるように，出てきた意見を共感的に聞く。

今日のテーマを知り，学校生活で楽しいことをペアで出し合う	**5**min

● 今日のテーマは，「たのしいがっこう」だって。

● 学校を探検するのが楽しい！

● 字を書くのも楽しいよ。

● 友達と遊ぶのも楽しいね。

> ペアで個数を数えながら楽しいことを見付けるように声をかけると，たくさん見付ける意欲を高めることができる。

学校生活で楽しいことを全体で出し合う　10min

● 2人で10個も見付けました。
● ひらがなの勉強が楽しいです。

> ペアごとに発表してもよい。

教科書を見て，これから楽しみなことをペアで出し合う　5min

● もっといろいろな場所を探検したいな。
● 漢字を習うのが楽しみです。
● 校庭でいっぱい運動をやりたいよ。
● 給食でどんなメニューが出るのかな。

> 再度，ペアで個数を数えながら楽しいことを見付けるように声をかける。

これから楽しみなことを全体で出し合う　10min

● 楽しみなことが2人で13個もありました。
● 図工で絵を描くのが楽しみです。
● 友達をもっとつくるのが楽しみです。

> これからの学校生活への期待感をもって授業を終えることができるようにする。

寶來先生直伝！　指導のポイント

◆特別の教科　道徳の内容は，以下の4つの視点に分けられています。

A	主として自分自身に関すること
B	主として人との関わりに関すること
C	主として集団や社会との関わりに関すること
D	主として生命や自然，崇高なものとの関わりに関すること

　本時は，Cの中の「よりよい学校生活，集団生活の充実」の「先生を敬愛し，学校の人々に親しんで，学級や学校の生活を楽しくすること。」を中心に学びます。学校の中で，一人ひとりが尊重されることや集団への所属感を高めることが大切になってきます。これは，スタートカリキュラムで大切にしていることと似ていますね。

◆特別の教科　道徳は，「考え，議論する道徳」だとも言われています。本時のように，子どもたちの考えたことを自由に出し合える時間を保障することで，1年生でも，「考え，議論する道徳」に近付くのではないでしょうか。

右側縦書き：第1週　第2週　第3週　第4週

3

💡 国語……言葉を見付けよう

あいうえおからはじまることばをみつけよう

（1時間目／全2時間）

本時のねらい

音節と文字との関係に気付くとともに，「あいうえお」から始まる語句を見付けて語彙を増やす。

これまでの子どもの姿

◆ しりとりなどの言葉遊びを通して，「○から始まる言葉」を見付ける経験をしてきている。

◆ 小学校での文字を使った学習に憧れの気持ちをもち，高い意欲をもっている子どもが多い。

活動のながれ ● :子どもの姿 ☐ :教師の支援

教科書を見て，どのような学習をするのかを予想する　　10min

● 「あいうえお」が載っているね。
● 「あ」の周りに描いてある絵はなんだろう。
● そうか，「あ」だから雨だね。
● 「あいうえお」から始まる言葉探しだ！

> 日常的にめあてを子どもと考えることで，学習は自分たちで創るものという習慣や感覚を育てることができる。

教科書に示されている語句を音読する　　5min

● 姿勢をよくするといい声が出るよ。
● 口もしっかりと開けた方がいいね。
● 雨も足も2文字だね。
● あしかは3文字だから違うね。

> 「雨と足って，何が同じ？」などと問いかけて，音節と文字との関係に気付くようにする。

「あ」から始まる語句をペアでたくさん見付ける　　5min

● 「あした」もそうだよね。
● 指で数えておけば忘れないよ。
● 「あり」と「ありんこ」は別でいいかな。

> 見付けた語句の数を数えるように伝え，たくさん見付けたいという意欲を高める。

「あ」から始まる語句を全体で発表し合い，ノートに書く　15min

- 2文字の言葉はどれだろう。
- 「あさ」です。
- 「あみ」もそうです。
- 「あじ」も2文字だよね。
- ノートに書くの？　やった！　楽しそう。
- 手本を見ながら丁寧に書くよ。

> マス目黒板などを使って，ノートへ
> の書き方を分かりやすく伝える。
> 「2文字のものから発表して。」など
> と伝え，音節と文字の関係に意識を
> 向けられるようにする。

「い～お」から始まる語句を考え，ノートに書く　10min

- 「う」から始まる言葉なら思い付いたよ。
- 「うさぎ」の「ぎ」ってどうやって書くの？
- 教科書の後ろに，ひらがな表が載っているよ。
- 見付けた言葉を次の時間に発表したいな。

> 1つに絞るのではなく，書けそうな
> ところから書くようにすると，語彙
> が少ない子どもも参加しやすくなる。

寳來先生直伝！　指導のポイント

◆子どもたちは，しりとりやカルタなどの言葉遊びが大好きです。個人差も大きいので，どの子も楽しめるように工夫したいですね。例えば，知らないひらがながあったら，そこは○にして書いていいよと伝えると，「あ○ぱか」「い○こ」という記述になり，これは，他の子どもたちにとっては，クイズになります。答えられなかったら，「動物です。」「鳥の仲間です。」などヒントを出すことで，語彙を豊かにすることもできますね。

◆語彙力には個人差が大きいので，どうしてもたくさん思い付く子どもがすごいと思われがちですが，口の開け方や姿勢や字の丁寧さなど，子どもたちのよいところをたくさん見付けてほめてあげたいですね。

第1週　第2週　第3週　第4週

4

💡 国語・算数……ひらがな・数の学習

「あいうえおうさま」であいうえお・10までのかず

本時のねらい

寺村輝夫作　『あいうえおうさま』の絵本（理論社）をヒントに今日のおうさまのひらがなの学習をすることでひらがなの字形や書き方を学び，語彙を増やす。10までの数字の読み方や書き方，意味を知る。

これまでの子どもの姿

◆「あいうえおうさま」のひらがなの学習で，今日はどんな王様が出てくるか，興味をもって取り組んでいる（30分で1文字を学習する設定）。

◆10までの数は，子どもたちにとって，なじみのあるもの。10までは，数えられる子どもが多いので，書き順の確認や教室にあるもので表すことなどを中心に15分で活動する。

活動のながれ ● :子どもの姿 　☐ :教師の支援

1・2週目と同様に今日のひらがなを知り，練習・言葉集めをする　　25min

- ○いうえおうさま　○さの○いさつ
　○くびを　○んぐり　○○おはよう
- 多分「あ」だと思う。
- やっぱり「あ」だったね。
- 「あ」がつく人は3人だね。
- 今日の「あ」は，最後止まらないよ。
- はらうよね。
- どの部屋から書くのかな。
- 丁寧に書こう。
- 先生から，花丸をもらったよ。
- 一発合格だった。
- 今度は，言葉集めをするぞ。
- 先生これ見て「あかえりかいつぶり」！
　長いでしょ。

> 語彙の豊富な子どもには，プリントの文字から，それが難しい子どもには，絵本の絵をヒントにして，考えられるようにする。

> マスを4つの部屋に分けて，どこから書くか確認できるように問いかける。
> 字形に気をつけて丁寧に書いていく子どもをほめ，全体に広げる。

> 終わったら，言葉集めをしてノートに書くことで，楽しみながら，語彙を増やせるようにする。

「ひらがなやのおみせ」のリズムにのって，言葉集めをする　**5**min

教師「やおやのおみせの……の部分をひらがなやのおみせに替えて歌ってみよう。」
- A「あんこ」
- 全員「あんこ」
- A「あんこ」
- 全員が口々に「甘い」「おいしい」「おはぎ」

> 「やおやのおみせ」の替え歌にして，言葉集めをする。
> その言葉を聞いて連想するものを言うことで，国語の語彙力もつけられるようにする。

今日の数字5を書き，教室の中で5を探す　**15**min

教師「今日は，5だね。」
- 「ご」って読むね。
- 「5つ」と書くと「いつつ」って読むね。
- 最初に書くのは，横棒じゃないよ。落とし穴にはまらないようにね。
- 丁寧に書こう。
- 机が5こずつ並んでいるよ。
- はなびらが，5枚だ。
- ふでばこのえんぴつが5本だよ。

> 今日の数字の読み方，書き順を確認する。特に，書き順については，自己流で書いている子どもが多いので，クイズ形式にするなどして，ここでしっかり確認するとよい。

> 5の意味をしっかりつかめるよう，実際の生活の中から5を見付けるようにする。

松村先生直伝！ **指導のポイント**

◆ひらがなや数字の学習は，10分から15分の短い時間を有効活用し，メリハリのある進め方をしていくとよいでしょう。

◆書き方や書き順，気を付けるところなどは，全てを教師が言ってしまうのではなく，自分たちで考え，話し合いながらまとめていくようにすると，字の形などにも関心を向けるようになり，結果として，正しく書いたり読んだりすることができるようになります。

◆そのひらがなや数字を書いたり読んだりできればよいと考えるのではなく，それが使われている言葉やその意味，友達の名前，身の回りでの使われ方などにも関心をもち，見付けたり考えたりすることを楽しむことを大切にしていきたいですね。

5

 生活……学校探検

がっこうを　もっとたんけんしよう

（8時間目※60分／全15時間）

本時のねらい

学校を探検したり，気付いたことを表現したりして，学校の施設の様子や学校生活を支えている人々などについて考えようとする。

これまでの子どもの姿

◆子どもたちは，探検活動を通して，さらに探検してみたい場所や人が明確になってきている。探検してみたい場所に分かれてグループで探検するなどして，一人ひとりの思いや願いを大切にしていく。

◆前回の学校探検では，1階に限定して探検した。今回は，2階も探検できるようにして，探検の範囲を広げていく。子どもの探検への意欲を高めるために，休み時間の探検は，どの階に行ってもいいと話しておくとよい。

活動のながれ ●：子どもの姿　□：教師の支援

今日の探検で行きたいところを出し合う　　　　10min

● 今日は，2階を探検したいです。

● 2階には，お兄ちゃんのお部屋があるから，行ってみたいです。楽しみです。

子どもたちの思いに共感し，意欲を引き出す。

● 杉山さんのお部屋に行って名刺を渡したいです。今日は，何をつくっているか見に行きたいです。

● 僕は，校長先生のお部屋に行って，写真のはてなを解決したいです。

探検する場所が決められない子どもたちのヒントにするために，前回の探検の写真や絵を見ながら，確認する。

- 探検の歌を歌おう。
♪探検の歌の例（「グーチョキパーでなにつくろう」のメロディにのせて）♪

> なかよく　なかよく
> 気を付けよう　気を付けよう
> 時計をみよう　はなしをきこう
> しずかに行こう

学校探検の約束の歌を歌って，約束を確認できるようにする。

第1週

学校を探検し，気付いたことを表現する　　35min

- お兄ちゃんがいる6年1組に探検に行きました。
「失礼します。1年1組の○○です。今，入ってもいいですか。」
って言ったら，
「いいですよ。」
って言ってくれました。
その先生は，門田先生です。にこっとしてくれました。
勉強中だったから，名刺は渡せませんでした。お休み時間に渡しに行きます。

探検に行く前に，探検から戻ってきた子どもたちから，絵や文で表現することを伝えておく。

探検での発見やはてなを共感的に受け止め，友達に伝えたいという意欲を高めるようにする。

- お兄ちゃんたちは，漢字の勉強をしていました。すごく難しい字でした。

書きたいことに合わせてサイズを選べるように大きさの違う画用紙を用意する。

- 本がたくさんある部屋を見付けました。図書室というんだって。私の好きな「エルマーのぼうけん」もありました。今度，本を借りてみたいです。
- 図書室に，先生がいました。名前は，松岡先生です。名刺を渡しました。
- スーパーみたいなピッってする機械を見付けました。レジじゃなくて，パソコンにつながっていました。どうしてあるのかな。

国語「名刺を渡そう」との関連を図る。

絵を描いて，その近くに気付いたことを書く方法もあることを教える。

第2週　第3週　第4週

- 校長先生のお部屋の人の写真は，やっぱり今までの校長先生の写真でした。よく分かったね。すごいねってほめてくれました。もう一つの写真の方は，PTA会長っていう，お父さんやお母さんの代表の人の写真でした。

- なんか，その話聞いたことある。もしかすると，僕のおじいちゃんの写真があるかも。行ってみたいな。

- 杉山さんのお部屋に行ってみました。今日は，傘を入れるバケツがくるくる動くように車をつくっていました。やっぱり，大工さんみたいでかっこよかったです。

まだ発見していない場所を探検したいという思いをもてるために，学校の地図に子どもたちの描いた絵や文を貼っていくとよい。

音で気付けるように，「〇時間目に学校探検をするので，音の出る作業をしてもらえませんか。」と用務員に依頼しておく。

学校探検の振り返りをして，次に行きたいところを決める　　**15**min

- 今日は，２階を探検したから，次は３階や４階にも行ってみたいね。

> 学校の地図を手がかりにすることも考えられる。

- 図書室のピーっていう機械がなぜあるのか，聞いてみたいな。松岡先生に聞いてみよう。
- 今度は，図書室の本を借りてみたいな。

> できたことをほめたり認めたりしながら，次回も自信をもって探検できるようにする。

- おじいちゃんに PTA 会長のこと，聞いてくるね。校長先生のお部屋の写真を確かめに行きたいな。

> 全教職員に学校探検の意図を伝えておく。

松村先生直伝！　指導のポイント

◆学校探検を繰り返すたびに，１階，２階……と行動範囲が広がっていきます。いきなり広げるのではなく少しずつにすることによって，友達が見付けてきたことがどの場所の何のことなのか，クラス全体で共通理解しながら活動を進めていくことができます。

◆行動範囲を広げ，別の場所に探検に行く子もいれば，１つの場所のことで何度も問いを更新していく子もいます。それぞれのよさを認め合えるクラスをつくっていきたいものです。

◆図書室など，今後利用する場所やそこで働く人との関わりは，限られた子どもだけでなく，どこかのタイミングでクラス全体で実現できるようにするといいと思います。図書室に行ってみたいという意欲が高まる機会を待って，みんなで図書室に行って本を読んだり借りたりする時間をつくりましょう。司書さんとの連携も重要です。

6

💡 学級活動…仕事見付けをしよう

クラスにはどんなしごとがあるかな？

本時のねらい
クラスには，当番活動や係活動などの必要な仕事や学校生活が楽しくなる仕事
があることが分かり，やりたいことを見付けて分担し，主体的に活動しようと
する意欲を高める。

これまでの子どもの姿

◆園などの生活の中で，役割を分担してクラスの中の仕事をしたり，5歳児
のときには園全体のための仕事を担ったりしてきている。

◆学校生活では，自分が気付いた仕事を進んで行ったり，そのような友達を
見て憧れや意欲を高めたりしてきている。

活動のながれ ●：子どもの姿 ☐：教師の支援

園などの生活の中で，どのような仕事をしたかを出し合う　　10min

- 学校と同じで給食当番があったよ。
- お花の水やり当番があった。
- 虫のお世話はやりたい人がやっていたなあ。
- 下のクラスの子がお昼寝をしたあと，布団を片付ける仕事をしていたよ。
- 掃除はみんなで役割を決めてやっていたよ。1週間経つと仕事が変わるんだよ。

> 園での仕事を出し合いながら，学校との共通点や相違点についても考え，クラスの中での仕事見付けの活動につなげる。

クラスの中には，どのような仕事があるかを出し合う　　15min

- 黒板を消す仕事があるといいと思う。
- 電気を付けたり消したりしたいな。
- 折り紙で飾りをつくって教室に貼りたい。
- 帰りの会でクイズを出したいな。
- 本棚を整頓する人がいるといいよ。

> 当番活動と係活動の違いはここでは扱わない。なるべく一人一役になるように，たくさんの仕事を出し合う。

仕事の分担の仕方を話し合って決める　　10min

- やりたいものに手を挙げようよ。
- 重なっちゃったらどうする？
- じゃんけんすればいいよ。
- 負けちゃった人がかわいそう。
- 次に決めるときには，やりたいものをできるようにしたらどうかな。
- それがいいと思う。そうしようよ。

> 入学までに様々な決め方を経験してきているので，それを引き出しながら決め方を決めると実際に決めるときも納得でき，今後も自分たちで問題解決することができる。

仕事を分担する　　10min

- 私は黒板係になったよ。忘れずに消して，みんなの役に立てるといいな。
- 飾り係になったから，教室が明るく楽しくなるように，きれいに飾りをつくろう。

> どの仕事もクラスには必要であることを改めて伝え，今後の活動への意欲を高める。

寶來先生直伝！　指導のポイント

◆園では，「おとうばん」という名前で，小学校でいう日直の仕事をやっていることが多いです。やっていた仕事を出し合い，日替わりでやった方がよいものは日直の仕事にして，それ以外は当番活動にするとよいですね。私は，当番活動を「ぼくに，わたしにまかせてね」と命名し，35人いれば35の当番活動を考えていました。

◆だれかがやらないと困るものが当番活動，なくてもよいけれど，あったらクラスが明るくなったり，楽しくなったりするものが係活動だと子どもたちに伝えています。係でやりたいことが出てきたら，係活動もスタートするとよいでしょう。

◆この時期の子どもは，様々なことに興味をもつので，気になった係の仕事に挑戦できるようにします。私は，封筒を使った係活動の掲示にしていました。細長く切った厚紙に名前を書いて，係名を書いた封筒に差し込めるようにします。こうすることで，メンバーが変わるたびにメンバー表を書き直すことなく係活動に力を注ぐことができました（p.134参照）。

7

💡 図工……粘土で遊ぼう

みてみて　いっぱいつくったよ

（1・2時間目／全2時間）

本時のねらい

読み聞かせで聞いた『からすのパンやさん』（かこさとし著　偕成社1973年）から想像を膨らませて，いろいろなパンを粘土でつくり，表現することを楽しむ。

これまでの子どもの姿

◆型を抜いてクッキーをつくったり，ひものように長くして，蛇をつくったり，細かいパーツをたくさんつくりケーキをつくったり，大好きな恐竜をつくったりと，子どもたちは園の生活の中で，粘土で遊ぶ経験をしてきている。

◆子どもたちは，「いらっしゃいませ。」「このパンは，何パンですか。」と，お店屋さんやごっこ遊びの経験もある。まだ，知り合って間もない子ども同士でも，ごっこ遊びを通して，関わりが生まれる。

活動のながれ ●：子どもの姿 □：教師の支援

| 「からすのパンやさん」の読み聞かせをする | なかよしタイム |

●たくさんのパンがあるね。
●私もつくってみたいな。

> もし，つくりたいという声が子どもから出なかった場合は，
> 「みんな，粘土でいろいろなパンをつくって，からすのパンやさんのお手伝いしてみない？」と投げかける。

| 想像を膨らませて，パンをつくる | **45**min |

●僕は，亀パンをつくるよ。
　亀がすきだから。
●私は，ひまわりパンをつくるよ。
　8月生まれだから。

- 私は，帽子パンをつくるよ。
- 僕は，恐竜パンをつくるよ。

> 苦手意識がある子どももいるので，「上手だね」という言葉は使わず「リボンがついた帽子パンだね」「恐竜の鳴き声が聞こえてきそう」というようなほめ方をするとよい。

> 早く終わった子どもには，何個もつくってよいことを知らせる。

できたパンを使って，パン屋さんごっこを楽しむ　　45min

- いらっしゃいませ。どのパンがいいですか。
- おすすめのパンは，ありますか。
- はい。この恐竜パンがおすすめです。
- このパンは何ですか？
- 何パンか当ててください。
- ひまわりパンですか。
- 大当たりです。中身は，カレー味ですよ。

> 同じグループ同士でお店屋さんごっこを楽しむ。
> 教師は，グループを回りながら写真を撮る。

> 5分前になったら，音楽を流し，流しおわるまでに片付けをするよう伝えるとよい。

松村先生直伝！　**指導のポイント**

◆なかよしタイムでの読み聞かせから図工の活動へと入っていくことで，スムーズな導入になるとともに，どんなものをつくりたいかというイメージも豊かにすることができます。

◆粘土での制作には経験や好みの差があるので，得意な子どもがつくっている様子や技法などをクラス全体に紹介したり，苦手な子どもには教師が寄り添い，一緒につくったりすることが大切です。

◆パン屋さんごっこを楽しむ活動を通して，言葉での伝え合いが行われ，新しい人間関係をつくるきっかけにもなります。ごっこ遊びが大好きなこの時期の特性を生かすとよいでしょう。

8

生活……学校探検

3かいや4かいも　たんけんしよう

（9時間目※60分／全15時間）

本時のねらい

学校を探検したり，気付いたことを表現したりして，学校の施設の様子や学校生活を支えている人々などについて考えようとする。

これまでの子どもの姿

◆子どもたちは，探検活動を通して，さらに探検してみたい場所や人が明確になってきている。探検してみたい場所に分かれてグループで探検するなどして，一人ひとりの思いや願いを大切にしていく。

◆前回の学校探検では，1階，2階に限定して探検した。今回は，3階4階も探検できるようにして，探検の範囲を広げていく。子どもの探検への意欲を高めるために，休み時間の探検は，どの階に行ってもいいと話しておくとよい。

活動のながれ ●：子どもの姿　□：教師の支援

今日の探検で行きたいところを出し合う	**10**min

●今日は，3階を探検したいです。

> 子どもたちの思いに共感し，意欲を引き出す。

●下駄箱の近くにある地図に♪のマークがあったから，そこに行ってみたいです。楽しみです。

●杉山さんのお部屋に行って名刺を渡したいです。今日は，何をつくっているか見に行きたいです。

> 探検する場所が決められない子どもたちのヒントにするために，前回の探検の写真や絵，みんなでつくった地図を見ながら，確認する。

●僕のおじいちゃんがPTA会長をしていたから，校長先生のお部屋に行って，写真を見に行きたいです。

- 探検の歌を歌おう。

♪探検の歌の例(「グーチョキパーでなにつくろう」のメロディにのせて)♪

> なかよく　なかよく
> 気を付けよう　気を付けよう
> 時計をみよう　はなしをきこう
> しずかに行こう

> 学校探検の約束の歌を歌って，約束を確認できるようにする。

学校を探検し，気付いたことを表現し，伝え合う　　35min

- ♪のある部屋に行ってみました。3階にあると思って行ったらどこにもなくて，もう一度地図を見に行ったら，4階でした。
  4階に行ったら鍵がかかっていました。もう一度1階まで降りて，副校長先生に鍵を借りました。♪の部屋は，音楽室って言います。
  中に入ったら，大きい楽器がたくさんありました。疲れたけど，中に入れたから，嬉しいです。

> 探検に行く前に，探検から戻ってきた子どもたちには，絵や文で表現してもらうことを伝えておく。

> 探検での発見やはてなを共感的に受け止め，友達に伝えたいという意欲を高めるようにする。

- 私も一緒に音楽室に行ったら，こんなものを見付けました。
- ○がたくさんあるね。なんなのかな。
- これは，音楽室の壁です。穴が開いている壁でびっくりしました。幼稚園には，こんな壁なかったからです。
- どうして，穴が開いているのかな。僕も今度見に行ってみたいです。

> 書きたいことに合わせてサイズを選べるように大きさの違う画用紙を用意する。

> 絵を描いて，その近くに気付いたことを書く方法もあることを教える。

- おじいちゃんの写真がありました。
  15代会長と書いてありました。お父さんが6年生のときに，PTA会長だったそうです。

- おじいちゃんは，僕のお父さんくらいの

年だったから，若かったです。
校長室におじいちゃんの写真が飾ってあってびっくりしました。校長先生もびっくりしていました。

● 杉山さんのお部屋に行って，名刺を渡しました。
杉山さんからも，名刺をもらいました。嬉しかったです。山に登るのが好きなんだって。
杉山さんは，今日は，ほうきを直していました。
もし，うちのクラスのほうきが壊れたら，持ってきますと話しました。

国語「名刺を渡そう」との関連を図る。

「今日も〇時間目に学校探検をするので，作業をしてもらえませんか。」と用務員に依頼しておく。事前に用務員にも名刺のカードを渡しておく。

● 図書室に行って，松岡先生にスーパーみたいなピッってする機械のことを聞きました。本を借りるときに使うそうです。
今日は，本の借り方を教えてくれました。私の名前が書いてあって，そこにピッとあてて，次に，本にピッとあてて，それで借りられます。
２週間借りられます。
休み時間にも，借りられるそうです。

● 僕も借りてみたいな。明日の休み時間に行ってみたい。

学校探検の振り返りをして，次に行きたいところを決める　　　**15**min

● 僕も，音楽室に行ってみたいな。
● 図書室に行って，本を借りたいな。

● 〇〇君のおじいちゃんの写真を見てみたいな。

学校の地図を手がかりにすることも考えられる。
できたことをほめたり認めたりしながら，次回も自信をもって探検できるようにする。

- 他の先生たちとも仲良くなりたいな。
  先生，もっと名刺をつくりたいから，紙
  をください。

全教職員に学校探検の意図を伝えて
おく。

校舎内すべての階を探検した後も，
子どもの思いや願いを基に引き続き
学校探検を楽しむ。
例えば，学校生活を支えている人と
関わる探検，校舎外の探検，探検の
感想を保護者に伝える活動などが考
えられる。

第1週

第2週

第3週

用務員さん，
何をしているのかな？

事務の先生から
学校の地図をもらったよ！

第4週

松村先生直伝！ 指導のポイント

◆学校探検の60分の流れをいつも同じにすることによって，子どもは見通し
をもって安心して活動することができます。時間にしっかりと集まること
ができるようになったり，伝え合いのときのきまりなどが分かるようにな
ったりするので，同じ長さの時間であっても活動が充実してきます。

◆学校探検を繰り返していくと，部屋の様子やそこにあるものだけではなく，
そこで働く人やその仕事，利用の仕方，道具の使い方，何かがある意味な
ど，知りたいと思う事柄の質が高まっていきます。それを教師が価値付け，
クラス全体に広げることが大切な支援となります。

9

💡 音楽……歌を歌おう・名前遊び

うたでなかよし

（2時間目／全3時間）

本時のねらい

音楽に合わせて歌ったり体を動かしたりしながら，拍の流れにのって表現する喜びを味わう。

これまでの子どもの姿

◆ 朝のなかよしタイムで，歌を歌っている子どもたち。園で歌っていた歌や季節の歌など，みんなで歌うことの喜びを感じている。

◆ 名前遊びでは，仲間の名前を覚えて，リズミカルに表現できるようになっている。

活動のながれ ●：子どもの姿 ☐：教師の支援

名前遊びをして拍の流れを感じ取る　　　　5min

● 「○○さん・」
● 「はあい・」

● 次は，「お名前は・」
● 「○○です・」でやってみようよ。

> 「タンタンタンウン」の4拍子のリズムに合わせて，子どもの名前を呼び，教師が例示しながら「はあい・」とリズムをとることができるようにする。
> 子どもの様子を見ながら速度を調整する。

拍打ちに合わせて，名前遊びを工夫する　　　　5min

● 3文字の言葉は，トマトです。
● たぬきやはがきも3文字だね。
● 一人「トマト・」

> 前回やっているので，やり方が理解していると思われる。「○○○・」

- 全員「トマト・」
- 一人「ごはん・」
- 全員「ごはん・」
- 面白いね。

に入る好きな3文字をみんなで見付ける。

子どもたちから出た言葉を板書したりヒントになる絵や言葉のカードを掲示したりしながら，どの子も拍打ちに合わせて唱えられるようにしたい。

「タンタンタンウン」と4拍子に休符を入れながら，みんなの手拍子が揃うように声をかけ，和やかな雰囲気の中で進められるようにする。

第1週

第2週

第3週

第4週

「名前遊び」のリレーをして楽しむ　　　10min

- 「うさぎ・」
- 「きりん・」
- 「くじら・」
- 「たぬき・」……
- やったー。みんなつながったね。

リレーをする際は，3文字の言葉を自分の隣の子へ丁寧に渡すような気持ちで唱えるよう，声をかける。

『ぞうさんのさんぽ』をリズムにのって歌う　　　25min

- 「……ぶらぶらぞうさん」だから，手をお鼻みたいにブラブラさせるのはどうかな。

最初に教師が範唱した後，『ぞうさんのさんぽ』の歌詞に合わせて，動作を子どもたちと考えるようにする。子どもたちのわずかな体の動きを見付け，取り上げて，動作をつくっていく。

- 「天気が……」のところは，おひさまのほうを指さしてから，グーって手でやるとご機嫌な感じになるんじゃない。
- 「仲間をみつけて……」のところは，じゃんけんする仲間をみつけて，おじぎするのはどうかな。
- それで，一度，踊ってみようよ。

この活動だけ，1モジュールでやることも考えられる。

「仲間をみつけて……」のところで，じゃんけんをすると楽しい。
机は，グループの形にしておくか，後ろに下げて，空間をつくる。
最初は，CDを使って，教師も動作をしながら，楽しむ。

- 最初は，ゆっくりやってみよう。
- 今度は，一緒に歌ってみよう。
- 今度は，ちょっと速いね。面白い。

慣れてきたら，伴奏に切り替え，速さを変えて繰り返すと楽しい。

「名前遊び」の様子

松村先生直伝！ 指導のポイント

◆前任校の音楽専科が，「低学年はぜひ机を後ろに下げて，広々とした空間の中で体を動かしながら生き生きと活動してほしい。」と言っていました。音楽の授業では机を下げる，ということを繰り返すことで，学習環境を自らつくるという子どもの力も高まり，スムーズに場の準備ができるようになります。初めは時間がかかっても，繰り返しやってみてください。

◆この時期は，歌いながら体を動かすことが大好きです。恥ずかしがっている子がいても，クラスの友達が楽しく活動する様子を見て，少しずつ自己発揮できるようになります。

◆じゃんけんやテンポの変化など，子どもが喜びそうな要素を入れて，繰り返し歌ったり体を動かしたりすることを楽しむ中で，拍の流れを実感できるようにするとよいでしょう。

横浜市立大岡小学校　1の1　'4・16

編：宝來　生志子
題字：

みつけた
2号

はてな？をみんなでかいけつ
みんなで かいけつ！！

~どうして いつも ボールのとりあいをしているの？~

保護者への発信　～保護者と学校で子どもの思いを支える～
学級だよりで子どもの様子や担任の考えを伝え，保護者の不安を取り除く
その日の子どもたちの様子を学級だよりで取り上げました。見えない学力を見えるようにしていくことは，子どもの成長を学校と家庭で支えることにつながります。問題解決的な学習をしていくことによって，主体的な学びができること，学び方を学んでいることを保護者に理解してもらえるようにしていきました。

第1週　第2週　第3週　第4週

第 4 週目の週案例

	1 日目	2 日目	3 日目
	☆ 朝の遊び		
1 時間目	♥ 安心をつくる時間　💡 国　語 なかよしタイムの取組・⑤お話しよう ｝1モジュール ①あいさつ ②元気かな ③歌ってスキンシップ ｝2モジュール ④読み聞かせ		
2 時間目	💡 学級活動・学校行事 交通安全教室	🖋 生活・図工 春の学校 こんにちは ➡ p.116	💡 道　徳 勉強が 始まるよ ➡ p.122
3 時間目	💡 国　語 絵を見て 話そう		💡 体　育 みんなで遊ぼう ➡ p.124
4 時間目	💡 国語・算数 ひらがな・ 数の学習		💡 国語・算数 ひらがな・ 数の学習
5 時間目		💡 学級活動 クラスの めあてを決めよう ➡ p.120	

	4日目	**5**日目

	🍃 **生　活**	💡 **体　育**
	大きくなあれ ➡ p.126	みんなで遊ぼう
	💡 **国　語**	💡 **国　語**
	絵を見て 話そう ➡ p.130	絵を見て 話そう
	💡 **国語・算数**	💡 **算　数**
	ひらがな・ 数の学習	数の学習 （仲間づくり） ➡ p.132
		💡 **音　楽**
		歌を歌おう・ 名前遊び

この時期の子どもは，今から何の教科が始まるのか，今日はどこのページから始まるのかなど，学ぶということに対してより自覚的になってきます。また，次の授業はいつ始まっていつ終わり，休み時間は何分間あるなど，学校生活の流れにもより意識が向いてくるでしょう。

そうしたことを教師も意識して声をかけるなどすると，スタートカリキュラムの終了後もスムーズに学校生活を送ることができるはずです。授業の中では，めあてをより意識して学んだり，自分たちで見通しを立ててより主体的に学習を進めたりできるといいですね。

この1か月で，自ら学び，共に学ぶ力が十分に身に付いたはずです。5月の連休以降も，その力を存分に生かし，充実した学校生活を送ることができるように，スタートカリキュラムの魂を大切にしてみてください。

1

生活・図工……春の学校こんにちは

こうていのはるをみつけよう

（1～3時間目／全3時間）

本時のねらい

校庭の春の様子に気付いたり，校庭で見付けた春や遊んで楽しかったことなどについて，表し方を工夫して描くことを楽しんだりする。

これまでの子どもの姿

◆園などでの遊びや生活の中で，季節の変化を楽しみ，それを利用して遊びを創り出したり，生活に取り入れたりしてきている。

◆自分の好きなものや楽しかったことを絵に表したり，それを友達と見合ってよさや違いを見付けたりしてきている。

活動のながれ ●：子どもの姿 ☐：教師の支援

校庭の春の様子について知っていることや予想を出し合う　　10min

- 桜がいっぱい咲いているよ。
- 風が吹くと，花びらがひらひら落ちてくる！
- 花びらをキャッチする遊びが面白そう。

- 春は虫もいっぱいいるよね。
- バッタやダンゴムシがいると思うよ。

- シロツメクサがあったから，指輪や冠をつくって遊びたいな。
- タンポポもあるんじゃないかな。

- 用務員さんがお世話をしているお花が花壇にいっぱい咲いているよ。
- 用務員さんが，見てくださいって言っていたよね。みんなで見に行きたいな。
- 早く校庭に行って，春を見付けよう！

> 知っていることや予想を出し合う中で，やりたいことも引き出し，春見付けの活動へとつなげる。何を見付けたらよいか分からない子どもも，ここで友達の話を聞くことで，活動への見通しを立てられるようにする。

> 生き物や植物，草花遊びなど，多様な意見を出し合うことで，より多くの子どもが興味をもてるようにする。

校庭の春を見付けたり，それを使って楽しく遊んだりする　35min

- 風が吹いてきた！
  花びらをキャッチしよう！
- 捕まえたよ。花びらがハートみたいな形
  をしているよ。

> 教師も子どもと一緒に春見付けをしたり，遊びを楽しんだりすると，子どももより一層活動に夢中になることができる。

- ダンゴムシはどこにいるのかな。
- 落ち葉の下にいるはずだよね。
- バッタを見付けたよ！　草の色と似ているから，見付けるのが難しかった。

> 諸感覚を使って自然と関わったり，見立てたりして楽しんでいる子どもを価値付けて，他の子どもにも広げるとよい。

- シロツメクサを集めようよ！
- 大きな冠をつくって，先生にプレゼントしよう。
- タンポポがいっぱい！　黄色のじゅうたんみたいだね。いい匂いもするよ。

> 誰がどのような活動をしているのかを把握し，このあとの伝え合いで意図的に取り上げる事柄などを考えておく。

- 用務員さんが育てているチューリップ，きれいだね。私たちも何かを育てたいな。

見付けたことや楽しかったことなどについて伝え合う　10min

- この花びらを見てください。風で落ちてきたのをキャッチしました。ハートみたいな形をしていてかわいいです。
- 本当だね！　桜の花びらってハートの形だったんだ。知らなかったな。

> 実物を持ち寄って伝え合いをすると，聞き手の子どもも興味をもちやすい。

> 子どもの素直な反応を大切にして，驚いたりつぶやいたりする姿を認め，広げることで，話し合いの土台となっていく。

- 落ち葉の下に，ダンゴムシがたくさんいました。
- 草がいっぱい生えているところで，バッタを見付けました。色が似ているから，見付けるのが大変でした。
- バッタも緑色だもんね。
- そういうのを保護色って言うんだよ。
- シロツメクサで冠をつくりました。先生にプレゼント！

> 発言がつながるように，適宜感想や質問を聞きながら，伝え合いをコーディネートする。生き物などに詳しい子どものよさも取り上げることで，一人一人のよさを認め合うクラスの風土となる。

- すごい！　大きい！　先生，よかったね。
- タンポポがじゅうたんみたいになっていました。いい匂いもしたから，みんなも行ってみてね。

- 用務員さんの育てているチューリップが，いろいろな色があってきれいでした。私たちもお花を育ててみたいです。

> 花の話題から，アサガオの栽培単元へとつなげることも考えておくとよい。

表したいことを選び，絵に表す　　60min

- どれを描こうかな。

- 私は，このお気に入りの桜の花びらにするよ。
- 僕は一生懸命探したバッタを描こう。
- タンポポがじゅうたんみたいになっているところを描きたいな。

> 描くものを選ぶときに，その子どもなりの考えが表れやすいので，何をどのように選ぶのかを興味をもって見るようにしたい。

- クレヨンで色を塗るときには，ゴシゴシするといいんだよ。
- 薄い色から塗るといいんだよね。
- 保育園のときに先生が教えてくれたよ。
- 僕も幼稚園の先生が教えてくれた！

> クレヨンの使い方などは園などでの経験を引き出し，クラス全体で共有するとよい。それぞれの園などのよさをみんなで認め合うことで，安心感をさらに高めることができる。

描いた絵を教室中に貼って，友達と絵を見合う　　20min

- ○○さんのタンポポのじゅうたんが，ふわふわに見えるからすごいと思います。
- 今度，そこに行って見てみたいな。

- 桜の花びらがいっぱいひらひらしていて，僕もキャッチしてみたくなりました。

- バッタと草が似ているっていうことがよく分かりました。

> 個別の作品への感想だけではなく，全体を見渡しての感想も引き出せると，この活動のよさをクラスで共有することができる。

- みんなの絵を飾ると，教室が春でいっぱいになったね。
- 春って，明るくて元気になりそうな色なんだね。
- 教室が明るくなりました。
- みんなでもっと春見付けをしてみたいな。
- 休み時間にも探しにいきたいです。

> ここで活動を終えるのではなく，「もっと〜したい」という考えを取り上げ，全体に広げることで，次の活動や生活を豊かにすることにつなげることができる。

> 第4週に設定しているが校庭の春の様子によっては，早い時期にやるとよい。
> 例えば，桜の花びらで遊ぶのなら第1週に設定することも十分考えられる。自校の校庭の様子を踏まえ，春のよさがもっとも際立つ時期に実施したい。

寶來先生直伝！ 指導のポイント

◆クレパスで描いた上からティッシュでこすってぼかすやり方や薄い色から塗るとよいことなど，園で身に付けたクレパスの使い方がたくさんあると思います。子どもの経験を引き出すことを，この時間も大切にしたいですね。

◆描いた絵を教室中に貼って見合うやり方の他に，グループにした机の上に絵をのせて，そこをみんなでめぐって「美術館ごっこ」を楽しむ方法もありますね。

◆友達の絵の中からお気に入りの1枚を見付けて発表したり，付箋に感想を一言書いて貼っていく方法もあります。クラスの実態に合わせて，取り組んでみてください。

2

💡 学級活動……クラスのめあてを決めよう

どんなクラスにしたいかな？

本時のねらい

　どのようなクラスにしたいかを考え，いろいろな意見を分類するなどしながら合意形成を図り，学級目標を決める。

これまでの子どもの姿

◆園などの遊びや生活，家庭生活の中で，目標を立てることを経験し，それを達成する充実感を味わってきている。

◆入学して約1か月が経ち，学校生活の様子や友達のことなどが分かり，どのようなクラスにしたいかということに思いをもち始めている。

活動のながれ ●：子どもの姿 □：教師の支援

どのようなクラスにしたいかを考え，短冊などに書く　10min

- みんな仲良しなクラスがいいな。
- 勉強を頑張るクラスっていうのはどうだろう。
- けんかをしないことも大事だと思うな。
- 給食をいっぱい食べるのもいいクラスだよ。

> ひらがなを全て学習していないので，必要な子どもには五十音表を渡したり，教師が聞き取って書いたりする。

短冊を黒板に貼って，気付いたことを話し合う　10min

- いろいろな意見がいっぱいあるね！
- あれは，なんて書いてあるんだろう…。
- なんか似ている意見がある気がする。
- けんかをしないっていうのとみんな仲良しっていうのは，言い方は違うけど意味は同じだね。
- 似ている意見を仲間分けしてみようよ。

> ひらがなを読めない子どももいるので，よく分からない短冊を指摘するように伝え，その都度教師が読み，全体でその意見の意味を確認する。

似ている意見を分類する　15min

- 運動のことは運動でまとめたらどうかな。
- たくさん遊ぶっていうのと元気いっぱいっていうのは似ている気もするね。
- 勉強のことは1つにできるかな。
- 仲良し、みたいなのはこっちだよ。

> 子どもの発言に合わせて短冊を動かすと、分類するとはどういうことかが全体で共通理解でき、今後の活動でも生かすことができる。

分類したものに名前を付けて、学級目標を決める　10min

- ここの短冊をまとめると、いつでも元気いっぱいっていう感じかなあ。
- 3つくらいにまとめられそうだね。
- 私たちのクラスのめあてが決まったよ！
- 大きく書いて、貼っておこうよ。

> キーワードにする、文にする、キャッチフレーズのようにするなど、まとめ方はいろいろあるので、担任として望ましいまとめ方を考えておく。

寶來先生直伝！　指導のポイント

◆担任時代、学級だよりを書いていました。「ぴかぴか」「きらきら」「ぐんぐん」「みててね」など、題名には教師の願いを込めていました。子どもの実態によっては、教師の願いが込められた題名が、そのままクラスのめあてになったこともあります。その場合も、今回のように、どんなクラスにしたいか、子どもたちが自分の思いを伝え合うのはとても大切ですね。「みんな仲良しなクラスだと、みんなが笑顔になるから、『きらきら』に近づくと思います。」というように。

◆あるクラスのめあては、「みんなの力と心をいっぱいあわせて　チャチャチャ・グー！」でした。チャチャチャ・グーとは、みんなやクラスの友達が頑張ったとき、みんなでやる拍手のことで、4月の始めから取り組んでいたものです。また、別のクラスのめあては、「はびなみ」でした。これは、「はてな」「びっくり」「なんでもかいけつ」「みんなでがんばろう」の頭文字をとって暗号のようにしました。子どもたちの実態に合わせて、楽しみながら決めていくとよいですね。

3

💡 道徳……勉強が始まるよ

じかんをまもるといいことなあに？

（1時間目／全1時間）

本時のねらい

時間を守ることのよさに気付き，学校の様々なルールを守って楽しい生活をしようとする態度を養う。

これまでの子どもの姿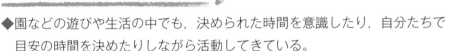

◆園などの遊びや生活の中でも，決められた時間を意識したり，自分たちで目安の時間を決めたりしながら活動してきている。

◆入学して約3週間が経ち，チャイムを守って生活したり，授業を休み時間と区別を付けて自覚的に学んだりしようとする意識が高まってきている。

活動のながれ ●：子どもの姿 ☐：教師の支援

学校と園の様々なルールを比べ，意見を出し合う　　10min

- 保育園のときは4人グループの席になっていて，その中ならどこに座ってもよかったけど，学校は自分の席があるよね。
- 自分がされたらいやなことは，友達にもしたらだめなんだよ。それは学校も同じだね。
- 保育園はチャイムがなかったけど，学校にはチャイムがあって，時間を守らないといけない。
- 幼稚園も時間を守るっていうのはあったけど，あとから入っても大丈夫だったよね。

> 様々な園の様子を引き出しながら，その違いをみんなで見付けたり，学校との共通点もたくさんあることに気付いたりすることを楽しむようにする。共通点があることが安心感につながっていく。

今日のテーマを知り，教科書の絵を見て話し合う　　20min

- 今日のテーマは，「時間を守る」だね。

- この絵は，チャイムが鳴ったときかな。
- 次の授業の準備をしている人がいる。
- まだ校庭で遊んでいる人もいるよ。
- チャイムに気付いて，友達に声をかけている人がいるね。なんて言っているんだろう。

> よい行いとそうでない行いを明確にするために，時間を守っている人と守っていない人の行動を場所や色を分けて板書する。

時間を守ることのよさをペアで考え，全体で出し合う　15min

- 時間を守ると，次のことがすぐに始められるよ。
- 気付いていない友達には声をかけようよ。
- みんなで時間を守れば，気持ちがいいよね。
- 楽しいこともいっぱいできるようになると思うよ。
- 時間を守ると，いいことがあるんだね。

> 全体で出し合う前にペアで話す時間を入れると，自分の考えをもてる子どもが増え，その後の発言につながる。

寶來先生直伝！　指導のポイント

◆時間を守ると，自分も友達も気持ちがよいことや，次のことがすぐ始められて，自分たちの時間を有効に利用できるということを体感できるとよいですね。そのためには，「時間貯金」をするなどして，時間がたまったらみんなで集会をやろうなど，みんなで過ごす「おたのしみ」をつくるのはいかがでしょうか。

◆担任をしていたとき，「いいことを広げよう」「よくないことは，みんなの前でなく，その人だけに話そう」と言っていました。今回のような授業のとき，時間を守れていない子を非難するような雰囲気にならないようにしたいですね。

第4週

4

💡 体育……みんなで遊ぼう

くふうしたりちょうせんしたりしよう

（5時間目／全6時間）

本時のねらい

ルールを工夫したり，いろいろな動きに挑戦したりしながら，関わり合いながら行う手軽な運動や固定施設を使った運動遊びを楽しむ。

これまでの子どもの姿

◆これまでの体育の学習を通して，1時間の授業の流れや体育ならではのきまりが分かり，安心して授業に臨むことができている。

◆遊びのルールを工夫したり，難しい技に挑戦したりすることへの楽しみを味わい，もっとやってみたいという意欲が高まっている。

活動のながれ  ●：子どもの姿　◻️：教師の支援

遊びながら，運動に向かうための準備をする　　10min

●校庭に出た人から体じゃんけんだよ！
●いろいろな友達とやると楽しいね。
●もう汗が出てきたよ。

> 毎時間，同じ運動（遊び）から始めることで，見通しをもって学習に取り組むことができる。

幼児期に親しんできた遊びや活動を工夫して楽しむ　　15min

●今日の鬼ごっこは何をする？
●手つなぎ鬼がいいね。
●どんなルールにすると面白いかな。
●男の子と女の子で手をつなぐっていうルールでやってみようよ。
●ということは，男・女・男になっているときは，女の子しかタッチできないんだね。
●難しそうだけど面白そう！

> 園などでの経験やこれまでの授業での活動を基に，今日の遊びや活動のルールを子どもと話し合って決める。考えながら運動をする要素を入れると，いろいろなタイプの子どもが楽しめるようになる。

固定施設を使って，いろいろな動きを工夫しながら遊ぶ　**20min**

- 前は雲梯で最後まで行けなかったから，今日はできるようにしたいな。○○さんが最後までできていたから，コツを聞いてみたいな。
- ジャングルジムが得意なのは，△△さんだよね。どうやったら逆さになっても落ちないのか，手本を見せてもらいたいな。△△さん，ジャングルジムを一緒にやろうよ。
- 鉄棒にぶら下がるのを競争しようよ。何秒つかまっていられるかを数えるからね！
- 保育園のときにはできなかった技ができるようになったよ。見ていてね！

> 活動を始める前に，今日できるようになりたいことや挑戦したいことを発表し合うと，何を目指していくのかが明確になる。数を数えたり距離を比べたりすると遊びが楽しくなることなどを共有すると，楽しみながら技能が高まっていく。

寶來先生直伝！　指導のポイント

◆校内をクラスみんなで移動するときは，「忍者みたいに気付かれないくらい静かに歩こう」などとルールをつくって歩いている子どもたち。校庭に出たら，大きな声を出しても大丈夫。体全体を使って遊びながら，運動に向かうための準備をしたいですね。是非，教師も体全体を使って一緒に遊んでみてください。そうすることで，「楽しそう。やってみたい。」と思う子どもがいると思います。

◆技やコツのようなよいお手本は子どもにやってもらい，どこがよいのか発表し合います。直してほしい動きは子どもではなく，教師がやりましょう。私が小学生のときの経験からですが，子どもにとって気付かずにやっていることを友達の前で指摘されるのは，とてもつらいものです。

5

 生活……大きくなあれ

おはなをそだててみよう

（1時間目／全16時間）

本時のねらい

これまでの栽培の経験を振り返ったり，校庭の春の様子を伝え合ったりしながら，アサガオの栽培活動への意欲を高める。

これまでの子どもの姿

◆園などでは，花壇や植木鉢，プランターなどを使って，いろいろな植物の栽培を行ってきている。水やり当番などが決まっていて，当番に当たっている週に世話をするという園が多い。

◆学校探検で校庭に行ったり，校庭の春を見付けたりする中で，植物への関心が高まり，学校でも育ててみたいという思いが生まれてきている。

◆わくわくタイム（生活科）では，自分たちでやりたいことを決めたり，見通しを立てて活動したり，振り返ったことを次につなげたりするという意識をもつことができている。

活動のながれ ●：子どもの姿　□：教師の支援

校庭の春の様子について伝え合う　　　　10min

● 校庭に，用務員さんが育てているチューリップがあったよね。
● タンポポやシロツメクサもいっぱいあったよ。

> 校庭の春見付けをするときに，花に目が向くように意図的に声をかけたり，春見付けの活動から時間が経っていないときに本時を設定したりして，自然とこの単元に入ることができるようにする。

● 校庭には，いろいろなお花があるよ。
● 私たちもお花を育ててみたいな。

これまでの栽培の経験について伝え合う　　10min

- 僕が通っていた保育園では，畑で野菜を育てていたよ。お当番さんを決めて，自分が当番のときには先生と一緒に水やりや草取りをしたよ。

それぞれの園のよさをみんなで認め合い，楽しむようにする。その中で，アサガオに関係する話題を意図的に取り上げ，全体に広げていく。

- 私は，4人グループで1つのプランターにお花を育てていました。

- 私の幼稚園でもお花を育てていたけど，先生がお世話をしてくれていたよ。だから，自分で育てたことがなくて，ちゃんとできるか心配だな。

育てたことがない子どもがいることにも配慮し，その思いに共感的に声をかけることで，他の子どももその心配な思いに共感しようとするようになっていく。

- 僕は，アサガオを育てていました。いろいろな色の花が咲いて，きれいだったよ。色水遊びも楽しかったです。
- 私は，ヒマワリに水やりをしたことがあるよ。自分よりも背が高くなって，最後は届かなくなっちゃったなあ。

育てたい植物について意見を出し合う　　10min

- 野菜は，広い畑がないと難しいんじゃないかな。
- 夏に花が咲くものがいいよね。
- ヒマワリは夏に花が咲くよ。

多くの園などでは当番活動として栽培を経験してきていることから，学校ならではの活動として，一人一鉢への意欲を高めていくとよい。

- 保育園のときは当番でやっていたけど，学校では自分で自分のお花を育ててみたい。
- いいね！　僕も自分でやってみたい！

- ヒマワリを1人1つ育てるのは難しそう。だって，すごく大きくなるんでしょ？
- アサガオならできると思うよ。
- 私，やったことがないから，できるかな

アサガオの話題は子どもから出てきやすいので，それを適宜全体に広げることで，アサガオを育てたいとい

あ。
- みんなで相談しながらやれば大丈夫だよ。

う思いが膨らんでいく。育てること
に不安を抱いている子どもの気持ち
についても，どうするかをみんなで
考えることで，学級づくりにもつな
がる。

これからの活動の見通しを立てる　　　　10min

- 家にアサガオの絵本があるから持ってき
たい。みんなで読めば，育て方が分かる
と思う。
- 幼稚園のときに育てたことがあるから，
どんなふうに育てていたかをみんなに伝
えたい。

- 種まきってどうしたらいいのかな。
- 種はどこからくるの？
- 種は先生に用意してもらわないとね。

- 植木鉢はどこにあるの？
- 必要な道具は家から持ってきたり，買っ
てもらったりしないといけないね。

- 水やりはどうやってやるの？
- お兄ちゃんが１年生のときに，ペットボ
トルにじょうろみたいなものを付けてい
たよ。

- 私のお姉ちゃんもそうやっていた！

これから必要なことをみんなで出し
合い，その順序を考えていくと，活
動の見通しを子どもとともに考えて
いくことができる。

栽培は経験してきている子どもが多
いので，活動のイメージをもつこと
ができる場合が多い。教師から示す
ことを減らして，ゆったりとした時
間の中で子どもと丁寧に話し合いを
しながら単元に入っていきたい。

必要な道具を出し合い，どうするかを考える　**5** min

- ペットボトルは家にあるよ。
- 今はないけど，お願いすれば大丈夫だと思う。
- いつまでに持ってきたらいいかな。

> 水やり用のペットボトルも，子どもと話し合いをする中で準備への見通しを自分たちでもつことができる。

- 植木鉢は，学校で用意してくれるんだね。
- アサガオのことがかいてある絵本や図鑑がある人は持ってこようよ。
- 種まきが楽しみだな！

> 教師が用意するものや保護者からの教材費で購入するものは，子どもの話題の中で出てきてから伝えたい。

寶來先生直伝！　指導のポイント

◆アサガオに絞る場合と夏に咲く花を調べて，何種類かの中で自分が育てたいものを選ぶ場合があります。いずれの場合も，「今までは，グループで育てていたけれど，1年生になったから自分で育ててみたい。」「元気に育てたい。」という思いや願いをもって，それを実現するために子ども自らが植物に働きかけることを大切にして活動を進めていきましょう。働きかける中で「違いがあるぞ」と変化や成長の様子を比べたり，「多分，そうだろう」と予想したり，「どうしてほしいのかな」と植物の立場に立って考えたりするようになります。このような思考のプロセスを丁寧に取り上げていきたいですね。

◆「植木鉢は，どのくらいの大きさがいいかな。」「土に腐葉土っていう葉っぱの土を入れるといいんだって。」など，栽培に必要なものは自分たちで考えて用意できるとよいですね。学校によっては，教材費でアサガオセットを購入する場合もあると思います。そのような場合は，「どうしよう，お隣の友達のアサガオとからまっちゃうよ。」「どうしたらいいかな。」などの子どもの困り感を引き出し，みんなで解決した後に，支柱を出すとよいと思います。子どもの考える場面を奪わないのがポイントです。

6

💡 国語……絵を見て話そう

えをみながらしつもんしたりこたえたりしよう
（2時間目／全3時間）

本時のねらい

教科書に示された話型を基に，別の質問の仕方やそれに対する答え方を考え，絵を見ながら友達と尋ねたり応答したりする。

これまでの子どもの姿

◆ 1時間目では，「なにがいますか。」「○○がいます。」という教科書の話型を基に，絵を見ながら友達と尋ねたり応答したりしている。

◆他教科等の授業や日常の生活の中でも，分からないことを質問したり，聞かれたことに答えたりする経験は十分に行っている。

活動のながれ ●:子どもの姿 ☐:教師の支援

前時の学習を振り返り，3人の友達とやりとりをする　　10min

- 「なにがいますか」って質問されたら，絵を見て「○○がいます」って答えました。
- これはできるようになったよ。
- 3人！　誰とやろうかな。楽しみだな。
- 違う保育園だった友達とできたよ。

> 体を動かし，いろいろな友達と関わりながら学習に参加できるように，3人の友達と尋ねたり応答したりしたら自席に戻るように指示をする。

他にはどのような質問ができそうかを考える　　10min

- 「ブタは何をしていますか」はどうかな。
- それでもいいけれど，答えが1つになっちゃうから，答えがいろいろの質問をしたいな。
- 「なにがなにをしていますか」はどう？
- 「なにがどこにいますか」もいいかな。
- 今日は，どの質問の仕方にしようかな？

> いろいろなアイデアを出し合ったところで，本時ではどれにするかを1つに決め，残りは次時の活動へとつなげていく。

できるだけ多くの友達と楽しく尋ねたり応答したりする　20min

- 一緒にやろうよ！　じゃんけんぽん！
- 私が勝ったから，質問をするね。なにがなにをしていますか。
- トリが空を飛んでいます。
- 本当だ！　正解！　ありがとう。またね。

> 男女交互にやる，違う園の友達とやるなど，クラスの実態に合わせて制限を付けると，新しい人間関係を広げることができる。

次時の見通しを立てる　5min

- 今日できなかった質問をしたいな。
- もっと難しい質問を考えてみたいな。
- 別の絵でもやってみたい！

> 少しずつ変化を付け，同じ経験を楽しみながら繰り返すことができるようにする。

> クラスの実態によっては1〜2モジュールの短時間で取り組むことも考えられる。

寳來先生直伝！　指導のポイント

◆「何が」「どこに」がたくさん盛り込まれている絵なので，子どもたちはたくさん発見すると思います。日頃，あまり手を挙げられない子どもが自信をもって発言できるチャンスです。授業の始めの方に指名して，「できた」という自信や喜びがもてるようにしたいですね。

◆3人の友達と尋ねたり応答したりしたら自分の席に戻るというようなゲーム的な要素を取り入れ，変化のある繰り返しを取り入れると，子どもたちの意欲が高まります。

右端余白：第1週　第2週　第3週　第4週

7

💡 算数……数の学習（仲間づくり）

0をさがそう

本時のねらい

1つもないことを0と表すことを理解し，身の回りの0を見付ける。

これまでの子どもの姿

◆日常生活の中で，0の意味や書き方，読み方などに親しんでいる。

◆算数の授業では，1〜10までの意味や書き方，読み方などを学習したり，身の回りの1〜10を見付けたりしている。

活動のながれ ●：子どもの姿 □：教師の支援

3回の輪投げをして遊び，結果を記録する　　20min

- 算数で輪投げって，どんな勉強をするんだろう。
- ようし，全部入るように頑張るぞ。
- やった！　3回とも入ったよ。
- 私は1回入って，2回外れちゃった。
- 僕は1回も入らなかった……。

> 新聞紙などを使って簡単な輪をつくり，ペアで輪投げに取り組むなどして，具体物を使って0の経験をすることができるようにする。

教科書を見て，1つもないことを0と表すことを確認する　　10min

- 1つもないことを0って言うんだよね。
- 「ぜろ」だと思っていたけど，本当は「れい」って言うんだ。初めて知ったよ。
- あれ，下から書くんじゃないんだね。知っていると思っていたけど，そうじゃないこともいっぱいあるな。勉強って楽しいな。
- 教科書に書き込んで練習するぞ。

> 正しいことを教え込むのではなく，何となく知っていることはみんなで確認したり，勘違いしやすいことは素直に経験を出し合って理解を深めたりするとよい。

身の回りの０を見付けてノートに絵を描き，交流する　15min

- お菓子が３つあったけど，全部食べちゃって０になっちゃった絵を描くよ。
- ４人が公園で遊んでいたけど，みんな帰っちゃって０人になっちゃったことを描こう。
- ５冊の本を図書館で借りていたけど，全部返して０冊になったっていうのもあるね。
- ノートを持って，教室を歩いて交流するよ。
- ああ！　こういうこと，あるある！
- 友達と交流するのって楽しいな。思いつかなかったことが分かるようになるよ。

> ０になる前後の絵を描き，矢印で結ぶような例示をすると，日常生活の中から０を使う場面を思い出すことができる。矢印を使うことが，今後の思考ツールの活用の素地にもつながる。

寳來先生直伝！　指導の**ポイント**

◆０の書き方については，高学年になっても下から書いてしまっている子どももいるので，インパクトのある指導で納得して覚えてもらいたいですね。私は，「早く書かなくてはいけないとき，下から書くと『９』と区別がつかなくなるから上から書くんだね。」と実演を交えながら指導していました。そうすると「先生，上から書いても６と間違えられちゃうんじゃない。」という声が上がることがあります。その場合は，「さすが！よく気付いたね。」と言いながら，０と６が間違われないようにするには，どうしたらよいか，みんなで考えていきます。「おうちの方に，０を書いてみてとクイズを出してみたら。」と投げかけて，家族でも話題にしてもらう方法もありますね。

◆何もないことを表す０の概念は，やはり，ゲームなどで学ぶのが一番ですね。その後，本時のように，０になる前後の絵を描き，矢印で結ぶような活動は，楽しみながら０を実感することができます。思考ツールは，考えたことを見えるようにする道具です。□→□のようなプリントを用意すると考えることを助けることになりますね。

コラム　寶來流　学びの足跡が分かる教室掲示の工夫

「学びの履歴」
どうやって調べたらよいか。インタビューでは，どんな風に聞いたらよいか。子どもたちの学びの履歴を残していき，いつでも振り返られるようにしました。

「絵とおはなし」「ものとおはなし」
絵や実物，写真，歌，動作など加えて話す話し方のモデルを掲示しています。
自分の考えを話すことは，とても大切です。話すことに一つ付け加えることでさらに分かりやすくなることを示すと，話すことが楽しいと思える学級になっていきます。

「係活動の掲示」
封筒を使った係活動の掲示物です。細長く切った厚紙に名前を書いて，自分のやりたい係の封筒に差し込んで使います。仕事をしたら名前の裏にシールを貼っていき，自分自身の励みにします。この時期の子どもは，いろいろな係に挑戦したくなるので，気になった係にお試しで挑戦できるようにしたのです。

「たからばこ」
学校探検で見つけたものや人などを掲示します。その後は，その時期の生活科の情報コーナーとして，年間通して活用することもできます。

「月ごとの足跡」
　4月からの学びの足跡を写真と子どもたちの吹き出しで掲示します。自分たちの学びの足跡を自然に振り返ることができ，学年末の生活科の内容⑼自分の成長につながりました。

「歌をつくってわくわく感を引き出す」
生活科の学校探検の導入で，気をつけることや約束などを15分くらい時間をかけて出し合ってから，探検に出かけるクラスをよく見かけます。
子どもたちは，探検に行きたくてうずうずしているのに，時間がもったいないです。私のクラスでは探検の歌をつくり，みんなで約束を確認しながら歌い，帰ってくる時刻を決めて，すぐに探検に出かけていきました。

第1週
第2週
第3週
第4週

横浜市立三ツ沢小学校　1-4　4.30　6号　文：寳來 生志子　習字：

みつけ組

おたんじょうびを おいわいしている！

この学級だよりは，なんと私が初めて1年生を担任したときのものです。「スタートカリキュラム」という言葉がない頃です。
「はてなを見つけたらみんなで解決していくと生活が豊かになる。自分たちの生活は，自分たちで創っていくのだ。」こんな子どもたちの姿に出会い，1年生ってすごい！子どもってすごい！と毎日，感動の連続でした。それを保護者に伝えたい，共有したいという思いから学級だよりにエピソードを載せていきました。
当時の子どもたちは，今，グローバルに活躍し，その1人は素敵な先生になっています。

◆ 参考文献

・田村学（2019）『「深い学び」を実現するカリキュラム・マネジメント』（文渓堂）
・松村英治（2018）『学びに向かって突き進む！　１年生を育てる』（東洋館出版社）
・文部科学省（2018）『小学校学習指導要領（平成29年告示）解説　生活編』

（東洋館出版社）

・文部科学省（2018）『小学校学習指導要領（平成29年告示）解説　総則編』

（東洋館出版社）

・文部科学省（2018）『幼稚園教育要領解説（平成30年３月）』（フレーベル館）
・文部科学省　国立教育政策研究所　教育課程研究センター（2015）
　『スタートカリキュラム　スタートブック・ミニブック』
・文部科学省　国立教育政策研究所　教育課程研究センター（2018）
　『発達や学びをつなぐスタートカリキュラム：スタートカリキュラム導入・実践の
　手引き』（学事出版）
・横浜市教育委員会（2009）『横浜版学習指導要領　生活科編』（ぎょうせい）
・横浜市教育委員会（2010）『横浜版学習指導要領指導資料　生活科編』（ぎょうせい）
・横浜市こども青少年局・横浜市教育委員会（2012）『横浜版接続期カリキュラム
　育ちと学びをつなぐ』
・横浜市こども青少年局・横浜市教育委員会（2018）『横浜版接続期カリキュラム
　平成29年度版　育ちと学びをつなぐ』
・渡辺研（2018）「第２特集　スタートカリキュラム　さあ，お気に入りの場所や先
　生をいっぱい見つけようよ！：学校たんけんをもっと効果的にするには」『教育ジ
　ャーナル　2018年４月号』pp. 28〜33（学研プラス）
・渡辺研（2019）「特集　学習指導要領／幼児教育と学校　スタカリを，どう考え，
　どう作り，どう実施するか：幼児教育と小学校との円滑な接続に向けて」『教育ジ
　ャーナル　2019年７月号』pp. 10〜22（学研プラス）

【付記】
上記の他，様々な先生方からご指導いただいたこと，各社の教科書に掲載されてい
る教材，公開授業や研究会，資料などから学んだ事例などを参考に，試行錯誤しな
がら実践してまいりました。厚く御礼申し上げます。

◆　おわりに

大田区立松仙小学校　松村　英治
横浜市立池上小学校　寶來　生志子

　本書は，立場も経験も全く異なる２人の著者が，これまでの自分の実践や勤務校での取組，様々な場での学びを基に，本書のコンセプトや構成，取り上げる活動アイデアなどについて対話を繰り返しながら作成した１冊です。小学校においては，2020年４月より新学習指導要領が全面実施となるにあたってスタートカリキュラムも義務化となる今，本書を多くの先生方の手に届けたい，多くの先生方がスタートカリキュラムの実践を通して１年担任を存分に楽しんでいただきたい。そんな共通した思いの下，２人の勤務校のスタートカリキュラムを参考にしながら週案例を作成したり，どの活動を紹介すると効果的かを話し合ったりしてきました。さらに，１つ１つの活動についても，松村執筆の活動には寶來がポイントを，寶來執筆の活動には松村がポイントを，というように，原稿の中でも何度も対話をしながら作成を進めてきました。

　執筆を終えて思うのは，「対話をすると，やっぱり学びが深まる！」ということです。これまで互いに散々顔を合わせ，語り合ってきた２人ですが，相手が執筆した原稿を改めて読むと，「あの活動にはこういうポイントがあったんだ！」という新たな発見，「うんうん，やっぱりこれが大事だよね。」という共感や納得，「この活動は面白い！　これこそ，広がってほしい！」という強い思い，「当たり前にやっていたこの手だてが，実は大事だったんだ！」という自覚など，１人では絶対にできない学びが私たちにも生まれ，新たなアイデアまでもが思い浮かんできました。

　本書をお読みの皆様に，ベテランならではの知恵と若手ならではの勢い，その両方を感じ取っていただけると，こんなに幸せなことはありません。

　さて，そんな私たちも，スタートカリキュラムの世界に自ら足を踏み入れたというよりは，人との出会いの中でスタートカリキュラムとも出会い，その魅力にはまっていったというのが本当のところです。

寶來は，スタートカリキュラムという言葉が登場する以前，初めて１年生を受け持ち，教師が懇切丁寧に教えてあげなくても，園や家庭での経験を生かして考えれば，１年生でも自分たちの力で自分たちの生活を豊かにできることに感激しながら，実践を重ねていました。その後，異動先の学校の校長に，「うちの学校のスタートカリキュラムをつくってほしい」と言われ，今までの経験を基に，仲間と共に考えていったのがスタートカリキュラムとの出会いです。

　松村は，初めての異動をした教員４年目の４月，勤務校の校長から「スタートカリキュラム　スタートセット」を基にした実践を，という使命をいただいての３回目の１年担任となり，若干懐疑的な気持ちの中で実践を始めました。すると，入学式からたったの数日で明確な違いに気付きました。子どもたちが安心して自己発揮をする生き生きとした姿，新しい友達関係をつくっていく驚異的なスピード感，そして，楽しみながら自分たちで学びを創り出していく力。スタートカリキュラムのもつ力やその大切さを，子どもたちに教えてもらいました。

　本書を手に取ってくださった先生方には，これから第３ステージのスタートカリキュラムを編成・実施するにあたり，「子どもが変わる！」ということをぜひ楽しんでいただきたいと思います。カリキュラムというものをデザインするのは，簡単で楽なことではありませんが，学習する子どもの視点に立ってカリキュラムを創り出すレッスンにもなります。さらに，このスタートカリキュラムを学校全体で共通理解し，学校体制で実施できれば，自分たちで考え，判断し，行動していくのが当たり前だと思う子どもが育ち，学び手が主体の学校づくりが期待できるに違いありません。各学校でのスタートカリキュラムの編成・実施に，本書がその一助となり，さらには，本書でご紹介した活動アイデア以上に子どもたちが生き生きと学ぶものが実現され，広がっていくことを願っております。

本書の制作にあたり，多くの方々のご協力をいただきました。

監修の嶋野道弘先生，田村学先生には，温かいご指導をいただくとともに，素敵なメッセージを寄稿していただきました。これまでの勤務校の児童と保護者の皆様，ご指導いただき育ててくださった管理職の先生方，勤務先の教職員の皆様，研究会などでご指導いただいた皆様とのご縁があって，今の私たちがあると思っております。この場を借りて心より御礼を申し上げます。

最後になりましたが，明治図書出版の中野真実さんには，私たちの思いを形にするために大変ご尽力いただきました。ありがとうございました。

2019年12月

【監修者紹介】

嶋野　道弘（しまの　みちひろ）
元文部科学省主任視学官，元文教大学教育学部教授。元日本生活科・総合的学習教育学会会長。生活科・総合的な学習の時間の創設に関わり，以来，子どもの学びに基軸を置き，その研究と教育の活性化に向けて取り組んでいる。

田村　学（たむら　まなぶ）
國學院大學人間開発学部初等教育学科教授。新潟県公立学校教諭，上越教育大学附属小学校教官，柏崎市教育委員会指導主事，国立教育政策研究所教育課程研究センター教育課程調査官，文部科学省初等中等教育局教育課程課教科調査官，文部科学省初等中等教育局視学官を経て，平成29年より現職。日本生活科・総合的学習教育学会常任理事。

【著者紹介】

松村　英治（まつむら　えいじ）
大田区立松仙小学校教諭。東京大学大学院教育学研究科にて，秋田喜代美先生に師事，修士（教育学）。国立教育政策研究所「スタートカリキュラム実践事例集の作成に関する協力者会議（H27・29）」，「評価規準，評価方法等の工夫改善に関する調査研究（R１生活科）」委員。東京都教育委員会研究開発委員（R１就学前教育）。

寳來　生志子（ほうらい　きしこ）
横浜市立池上小学校校長。大岡小学校教諭，同副校長，横浜市こども青少年局担当課長を経て，平成29年より現職。国立教育政策研究所「スタートカリキュラムスタートブック，スタートカリキュラム実践事例集の作成に関する協力者（H26・27・29）」文部科学省「学習指導要領等の改善に係る検討に必要な専門的作業等協力者（H29生活科）」。

育ちと学びを豊かにつなぐ
小学１年　スタートカリキュラム＆活動アイデア

2020年3月初版第1刷刊　　監修者　嶋野道弘・田村　学
2021年1月初版第3刷刊　ⓒ著　者　松村英治・寳來生志子
　　　　　　　　　　　　　発行者　藤　原　光　政
　　　　　　　　　　　　　発行所　明治図書出版株式会社
　　　　　　　　　　　　　　　　　http://www.meijitosho.co.jp
　　　　　　　　　　　　　　　　　（企画・校正）中野真実
　　　〒114-0023　東京都北区滝野川7-46-1
　　　振替00160-5-151318　電話03(5907)6702
　　　　　　　　　　　　　ご注文窓口　電話03(5907)6668

＊検印省略　　　　　　組版所　中　央　美　版

本書の無断コピーは，著作権・出版権にふれます。ご注意ください。

Printed in Japan　　　　　　　ISBN978-4-18-288017-9
もれなくクーポンがもらえる！読者アンケートはこちらから

好評発売中！

体育科授業サポートBOOKS

この1冊でまるごとわかる！

小学1年生の

体育授業

夏苅崇嗣 著

小1体育が必ずうまくいく！

授業マネジメント
&
指導アイデア

着替えが遅い・話をきちんと聴くことができない・ボールの投げ方がわからない・プールの水が怖い…小学校はじめての体育授業、1年生はたくさんの悩みを抱えています。そんな1年生ならでは、の悩みにこたえる授業マネジメントや指導アイデアがまるごとわかる1冊です。

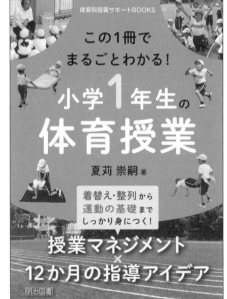

もくじ ••••••••••••••••••••••••

第1章 小学1年生の指導について
　　　 知っておきたい基礎・基本
第2章 はじめの一歩！ 授業マネジメント
第3章 これで完璧！ 12か月の指導アイデア

A5判／160頁 ・ **本体2,000円+税** ・ 図書番号 2860

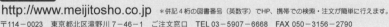

明治図書　携帯・スマートフォンからは **明治図書 ONLINE へ** 書籍の検索、注文ができます。 ▶▶▶

http://www.meijitosho.co.jp ＊併記4桁の図書番号（英数字）でHP、携帯での検索・注文が簡単に行えます。

〒114-0023 東京都北区滝野川7-46-1 ご注文窓口 TEL 03-5907-6668 FAX 050-3156-2790

好評発売中！

国語科授業サポートBOOKS

「やりたい！」「できた！」がクラスにあふれる

小学1年の 国語授業アイテム

吉田温子 著

第2章
「やりたい！」「できた！」を引き出す 小学1年の国語授業アイテム

第1章
小学1年の 国語授業づくり 7つのポイント

国語科授業サポートBOOKS

「やりたい！」「できた！」がクラスにあふれる

小学1年の

国語授業 アイテム

吉田温子 著

第3章
授業アイテムを活用した 小学1年の単元アイデア

正しい書き方が自然と身につく あんしゃカード

達成感が倍になる すごろく型学習計画図

子どもたちの目がキラキラ輝く

物語の世界が見える 黒板上部掲示システム

工夫を書き込める 音読ブック …などなど

魔法のアイデアを大紹介！

明治図書

小1国語で大活躍！子どもたちの目がキラキラ輝くアイテム満載！

入門期の子どもたちに国語学習の楽しさを伝え、学習意欲を引き出すアイテムを、小1担任のエキスパートが一挙公開！授業中の指示や1年間の学習、言語環境づくりに役立つアイテムのほか、小1国語の授業づくりのポイントや、アイテムを活かした単元アイデアも多数紹介。

B5判／136頁 ・ 本体2,000円+税 ・ 図書番号3167

明治図書　携帯・スマートフォンからは **明治図書 ONLINE へ** 書籍の検索、注文ができます。▶▶▶

http://www.meijitosho.co.jp　＊併記4桁の図書番号（英数字）でHP、携帯での検索・注文が簡単に行えます。

〒114−0023　東京都北区滝野川7−46−1　ご注文窓口　TEL 03−5907−6668　FAX 050−3156−2790

好評発売中！

学級経営サポートBOOKS

「小1担任」 パーフェクトガイド

浅野英樹 著

小1プロブレムなんて怖くない！ 小1担任の365日必携ガイド

小学1年生は、ワクワクと不安でいっぱい。そんな子どもたちを温かく照らす、小1担任の1年間パーフェクトガイド。入学式前準備からルール指導、学級システムづくりや行事指導、子どもとのコミュニケーションから保護者対応まで。学校生活の土台を築く必携の1冊です。

CONTENTS

1 新しいスタートを応援する！ 小1担任としての基本姿勢【PERFECT GUIDE】
2 まずはここから！ 入学式・始業準備【PERFECT GUIDE】
3 これだけはおさえておきたい！ 1年生への基本指導【PERFECT GUIDE】
4 1年間の流れをつくる！ 小1学級システム【PERFECT GUIDE】
5 プロセスが大切！ 1年生への行事指導【PERFECT GUIDE】
6 よさとがんばりを捉える！ 1年生との信頼関係の築き方【PERFECT GUIDE】
7 不安を解消するコミュニケーションを！ 小1保護者対応【PERFECT GUIDE】

A5判／192頁 ・ 本体2,100円+税 ・ 図書番号1652

明治図書 携帯・スマートフォンからは **明治図書 ONLINE へ** 書籍の検索、注文ができます。▶ ▶ ▶

http://www.meijitosho.co.jp ＊併記4桁の図書番号（英数字）でHP、携帯での検索・注文が簡単に行えます。

〒114-0023 東京都北区滝野川7-46-1 ご注文窓口 TEL 03-5907-6668 FAX 050-3156-2790